EDITORA DO CONHECIMENTO

Auxiliando a humanidade a encontrar a Verdade

Luzes da Teosofia

Luzes da Teosofia - Vol. 1

Autores diversos

Todos os direitos desta edição reservados à
CONHECIMENTO EDITORIAL LTDA.
Rua Prof. Paulo Chaves, 276 – Vila Teixeira Marques
CEP 13480-970 — Limeira — SP
Fone/Fax: 19 3451-5440
www.edconhecimento.com.br
vendas@edconhecimento.com.br

Tradutores e colaboradores:

• Ana Maria Coelho de Sousa
• Carlos Guerra • Edilson Almeida Pedrosa
• Fábio Johas • José Antonio Alves
• Maria Isabel Nobre Santos • Manuel Cavaco
• Mariléa de Castro • Raul Branco

Projeto gráfico: Sérgio Carvalho
Ilustração da capa: Banco de imagens

ISBN 978-65-5727-044-8
2ª Edição – 2021

• Impresso no Brasil • Presita en Brazilo
Produzido no departamento gráfico da
Conhecimento Editorial Ltda
grafica@edconhecimento.com.br

Dados Internacionais de Catalogação na Publicação (CIP)
Angélica Ilacqua CRB-8/7057

Autores diversos
Luzes da Teosofia - Vol. 1 / Autores diversos — Limeira, SP : 2ª ed. Editora do Conhecimento, 2021.
158 p. (Teosofia: A força da Verdade)

ISBN 978-65-5727-044-8

1. Teosofia 2.Doutrina Secreta I. Título

18-0391 CDD – 130

Índices para catálogo sistemático:
1. Ciências ocultas : Esoterismo

Autores diversos

Luzes da Teosofia

Volume 1

2ª edição
2021

EDITORA DO CONHECIMENTO

A verdadeira Sociedade Teosófica é uma unidade indivisível, animada por uma vida individual! A sua alma é o amor à verdade, o seu princípio vital e a bondade, e habita num mundo acima do material, onde nenhum inimigo lhe pode tocar. A sua manifestação na terra depende de um veículo apropriado, e a primeira condição necessária para o veículo é que ele deve ser um todo unido. A Sociedade Teosófica é uma força ideal para o bem, difundido pelo mundo inteiro, mas requer condições materiais e, a mais importante, é um centro material a partir do qual e para o qual circularão as forças dinâmicas que se equilibram entre si. Esta é uma condição da vida de todas as organizações e de todos os organismos, e a Sociedade Teosófica é ambos; é uma organização, no plano material, e um organismo, no plano espiritual Um centro comum, por conseguinte, é tão necessário, quer por razões espirituais, quer por razões físicas.

H. S. Olcott

Sumário

Prefácio

> Um livro aberto é um cérebro que fala; fechado, um amigo que espera; esquecido, uma alma que perdoa; destruído, um coração que chora. – Tagore

A teosofia é o acervo de conhecimentos das causas da existência de tudo no universo retido por um grupo de seres extraordinários chamados adeptos, cujas mentes estão em perfeita sintonia com a Mente Universal. Além da busca incessante pelo conhecimento e sabedoria universais, as doutrinas teosóficas firmam-se também nos preceitos do amor, da fraternidade e do não egoísmo. É nesse manancial infinito e eterno da verdade, do amor e da sabedoria universais onde se assentam todas as religiões e encontra-se a essência dos sistemas filosófico-religiosos da antiguidade. A teosofia unifica, explica e harmoniza filosofia, ciência e religião, e o exame apurado da literatura teosófica autêntica deixa transparecer claramente essa concordância fundamental.

O movimento teosófico moderno, fundado por H. P. Blavatsky e Henry Steel Olcott, no último quartel do século XIX, espalhou-se pelo mundo e tem-se tornado cada vez mais conhecido na atualidade. Grande parte do sucesso dessa nova corrente de pensamento deve-se à notável obra escrita deixada por Blavatsky, a qual se coloca como um dos capítulos mais destacados da criatividade humana. Percebe-se naquele magnífico edifício literário uma espantosa demonstração de talento, erudição, inspiração, visão profética, profundidade espiritual, constituindo-se um fenômeno inexplicável que ainda choca e surpreende a mente da maioria das pessoas que entram em contato com ele. A grandiosa obra de Blavatsky compõe-se não apenas dos muitos e importantíssimos livros que publicou, mas também de numerosos artigos editados por vários periódicos e que formam, em seu conjunto, um acervo monumental. Boris de Zirkoff, sobrinho de Blavatsky, colecionou notas, diários, artigos, cartas, bem como todos os seus livros publicados, perfazendo uma coleção, em 14 volumes, que foi denominada The Blavatsky Collected Writings e totaliza mais de 8000 páginas.

Além de todo esse rico material provindo da fundadora, que contém ensinamentos valiosos, com suas instruções particulares, inclusive as que ela transmitiu depois de 1888 aos membros da Seção Esotérica da Sociedade Teosófica, os atuais teósofos dispõem de uma quantidade volumosa de livros, pesquisas e artigos elaborados por teósofos notáveis de grande erudição e espiritualidade, sendo alguns deles companheiros de primeira hora dos fundadores da Sociedade Teosófica e outros que se destacaram em fases subsequentes de desenvolvimento e expansão da teosofia pelo mundo, inclusive na atualidade. Só para lembrar alguns nomes, podemos citar, dentre dezenas de outros igualmente importantes: A. P. Sinnett, William Q. Judge, H. S. Olcott, Annie Besant, T. Subba Rao, C. W. Leadbeater, G. R. S. Mead, Gerald Massey, Franz Hartmann, Ernest Wood, C. Jinarajadasa, Arthur A .Powell, N. Sri Ram, Geoffrey Hodson, Gottefried de Purucker, Boris de Zirkoff, Clara M.Codd, P. G. B. Bowen, Geoffrey Farthing, N. Bhashyacharya, R. B. Holt, Parabolanus, Frederick Hockley, Geo. C. Williams, Ianthe Hoskins, A. L. Pogosky, Bhagavan Das.

Após quase 150 anos da fundação da Sociedade Teosófica, ocorrida em 1875, a tremenda produção literária dos teósofos e pesquisadores vinculados, discípulos ou não dos mestres de sabedoria, especialmente os milhares de artigos produzidos, encontram-se à disposição dos estudantes de filosofia esotérica na forma de livros e outras publicações ou até mesmo na internet. Porém, quase tudo se encontra redigido em línguas estrangeiras, especialmente a inglesa, o que dificulta enormemente os pesquisadores e buscadores da vida espiritual de língua portuguesa com desconhecimento de outros idiomas.

Há, por conseguinte, grande demanda a ser suprida por mais publicações na nossa língua que exponham integralmente o pensamento dominante e as tendências atuais que derivam dos ensinamentos valiosos da Sabedoria Antiga. A Editora do Conhecimento espera agora que esse anseio possa ser satisfeito com a publicação da presente série de volumes do selo 'Luzes da Teosofia'. A profícua produção literária sob a forma de artigos produzidos por Blavatsky e os mais destacados teósofos do passado e da atualidade serão disponibilizados, a cada mês, sob o formato de livros numa série sem prazo determinado para terminar. A Editora espera que essa antologia do conhecimento divino, exposta magistralmente por qualificados pesquisadores da verdade eterna, possa se constituir num roteiro seguro de acesso ao conhecimento esotérico.

Os teósofos caracterizam-se especialmente por serem livres pensadores. Desde a sua fundação, a Sociedade Teosófica, apesar de ter o seu corpo doutrinário, nunca impôs aos seus membros renúncia às crenças particulares e aos ensinamentos e dogmas de suas religiões, a única exigência é com a prática da fraternidade e o respeito mútuo. De sorte que não se deve esperar nos textos apresentados nesta série ora lançada inteira coerência e concordância uns com os outros, pois cada autor teosófico tem o direito de expressar livremente o pensamento de qualquer escola a que esteja vinculado, mas jamais o de menosprezar opiniões opostas à sua ou de forçar qualquer pessoa a aceitar os seus pontos de vista.

A Sociedade Teosófica e o seu trabalho:

CARTA DO MAHA-CHOHAN PARA A. P. SINNETT[1]

Traduzido por Edilson Almeida Pedrosa

Introdução pelo tradutor

Mahatma é entendido na teosofia como um mestre de sabedoria e compaixão, também chamado adepto, um elevado ser que, à semelhança dos *bodhisattvas* budistas, preferiu permanecer na Terra para ajudar a humanidade, a prosseguir fora do planeta o seu progresso espiritual. Em seus diversos escritos, Helena P. Blavatsky, a fundadora da Sociedade Teosófica (ST), aprofundou esse conceito, dizendo-nos que o *mahatma* vem a ser um personagem que desenvolveu ao extremo as suas faculdades superiores por meio de educação e treinamento especiais. Os *mahatmas* são homens vivos e, portanto, mortais. O seu conhecimento e erudição são imensos, e a santidade da sua vida pessoal é ainda maior, tendo atingido um conhecimento espiritual que a humanidade comum só adquirirá depois de inumeráveis encarnações no processo evolutivo comum. Ainda, segundo ela, os *mahatmas* fazem parte de uma fraternidade oculta, embora não pertençam a nenhuma escola filosófica ou religiosa em particular. Tal Fraternidade não se originou no Tibete, mas a maioria dos seus membros e

[1] Título original: *The Theosophical Society and Its Work From the Maha-Chohan To A.P. Sinnett.* Cartas dos Mestres da Sabedoria, Primeira Série, Carta n° 1. Publicada por The Theosophical Publishing House, 1919; C. Jinarajadasa (compilador).

alguns dos mais elevados entre eles vivem e estão constantemente no Tibete.

O Maha-Chohan é o chefe dos *mahatmas* da região transhimalaica, sendo conhecido como o 'senhor da civilização', um dos três grandes adeptos que formam o "Triângulo da Grande Hierarquia". A carta do Maha-Chohan, a ser mostrada na sequência, representa um dos mais belos e importantes capítulos da história da formação da ST e traz, ainda, uma mensagem extremamente oportuna e edificante para a humanidade de hoje. As cartas dos *mahatmas*, especialmente os mestres Koot Hoomi e Morya, dirigidas a alguns teósofos nos primórdios da organização da Sociedade Teosófica, quando se desenrolava o último quartel do século XIX, algumas colecionadas e publicadas em livro por Alfred Percy Sinnett e outras por C. Jinarajadasa, constituem, em seu conjunto, talvez a obra mais polêmica e difícil da literatura teosófica.

Quando os leitores se defrontam com a sabedoria, a vidência e a fraternal paciência dos mestres de sabedoria sentem-se inevitavelmente tocados por uma profunda emoção e sentimento de reconhecimento e respeito por aqueles augustos seres. As mensagens escritas que deixaram têm não só um caráter histórico, mas é também pura revelação.

Naquela ocasião, os mestres que estavam na retaguarda e davam sustentação às atividades nascentes da ST defrontavam-se com situações complicadas de toda ordem, que iam desde os problemas pessoais e interpessoais de alguns membros até as controvérsias relativas à administração da instituição e a natural dificuldade de conseguir passar, na linguagem limitada dos idiomas ocidentais, conceitos profundos e ocultos da filosofia oriental e da tradição-sabedoria, considerados extremamente complexos e intrincados para a esmagadora maioria dos ocidentais. Face a esta última dificuldade, tornou-se necessária a implantação de uma nomenclatura que permitisse, sem ambiguidade, a exposição escrita e falada dos temas a serem avançados.

Além de comunicações no plano astral, geralmente durante o sono, os mestres houveram por bem instruir alguns estudantes e discípulos por meio de bilhetes e cartas trocados entre eles, num processo chamado precipitação. O misterioso processo de troca de correspondência com o mestre dispensava obviamente entrega pelo correio. Às vezes, mal o estudante terminava de escrever e eis que surgia no verso do papel a resposta do mestre. Quando explicava esse processo ao Sr. Sinnett, o Mestre Koot Hoomi expressou-se assim: "Devo pensar bem, fotografando cuidadosamente cada palavra e frase no meu cérebro antes que possa ser repetida por precipitação."[2] 'Precipitação' significa dizer que a resposta no próprio papel da carta ou mesmo uma nova carta podia surgir como que do nada na frente do destinatário. Blavatsky aprofundou um pouco mais essa explicação, dizendo que: "O trabalho de escrever as cartas em questão é efetuado por um tipo de telegrafia psíquica; os mahatmas raramente escrevem suas cartas da forma usual. Uma conexão eletromagnética, por assim dizer, existe no plano psíquico entre um mahatma e seus chelas, um dos quais age como seu secretário."[3] Curiosamente, qualquer que viesse a ser o chela a escrever manualmente a carta transmitida psiquicamente pelo mestre, a letra no documento era sempre igual à do mestre. Não está explicado como a carta era materializada, ou precipitada, na frente de seu receptor, isso devia envolver um processo ou tecnologia que a humanidade ainda não estava preparada para entender.

A publicação das cartas dos *mahatmas* na forma de livros revelou-nos uma obra tremendamente impactante não só pelos relevantes ensinamentos transmitidos, mas também pelo poder de evidenciar como são gerais alguns dramas psicológicos da natureza humana e as dificuldades das relações interpessoais, demonstrando como esses problemas se tornam seriíssimo obstáculo ao desenvolvimento espiritual de cada um de nós. As cartas são como um espelho diante do qual estão escancaradas as fraquezas e a força moral das pessoas e permitem ver, sobretudo, o inevitável confronto que cada aspirante terá com o êxito ou o fracasso durante a sua busca espiritual.

A Sociedade Teosófica, que havia sido instituída em Nova York, em 1875, por Blavatsky e Henry S. Olcott, foi transferida

[2] *Cartas dos Mahatmas para A. P. Sinnett*, Ed. Teosófica, 2001, Vol. I - p. 85.
[3] Blavatsky & outros, *Five Years of Theosophy*, 1885, p. 519.

quatro anos depois para uma nova Sede em Bombaim, Índia. Lá os fundadores foram contatados pelo periodista inglês Alfred Percy Sinnett, editor do The Pioneer, o mais importante jornal inglês publicado em Allahabad. O jornalista ofereceu-se para publicar quaisquer matérias sobre a missão deles na Índia, tendo demonstrado grande interesse em conhecer Blavatsky, devido a fenômenos notáveis que aconteciam em sua presença e que ela atribuía aos *mahatmas* com quem se comunicava psiquicamente. Com o tempo, formou-se um agradável e produtivo vínculo de amizade entre os fundadores e o Sr. Sinnett. Foi, assim, que, em fins de 1879, o casal Sinnett tornou-se membro da ST, durante uma visita dos fundadores à sua casa, ocasião em que estes conheceram outros visitantes, inclusive o Sr. Allan Octavian Hume, um funcionário do Governo inglês e ornitólogo amador, que viria a ser referenciado várias vezes em algumas das cartas enviadas pelos mestres. A carta do Maha-Chohan, apesar de sua universalidade, tem como figuras centrais justamente esses dois importantes personagens, Sinnett e Hume, que tomaram caminhos bem diversos e dramáticos em sua busca pela verdade.

A carta

> Uma versão abreviada da visão do Chohan sobre a Sociedade Teosófica (ST), em suas próprias palavras, tal como transmitida ontem à noite. Uma carta minha, em resposta a sua, seguirá em breve. – Koot Hoomi

A doutrina que promulgamos, sendo a única verdadeira, apoiada pelas evidências que estamos preparados para oferecer, deve se tornar por fim triunfante, como qualquer outra verdade. No entanto, é absolutamente necessário introduzi-la gradualmente, colocando em prática as suas teorias, fatos irrefutáveis para aqueles que sabem, com inferências diretas deduzidas das evidências fornecidas pela ciência exata moderna e corroboradas por ela. Essa é a razão pela qual o coronel H.S.O.[4], que se dedica a reviver o budismo, pode ser considerado como alguém que trabalha no verdadeiro caminho

[4] Henry Steel Olcott, cofundador, em setembro de 1875, da Sociedade Teosófica e o seu primeiro presidente. (NT).

da teosofia e muito mais do que qualquer outro homem que tenha como meta a gratificação de suas próprias aspirações ardentes ao conhecimento oculto. O budismo, despojado de suas superstições, é a verdade eterna, e quem se esforça para alcançá-la está buscando a *Theo-Sophia*, a Sabedoria Divina, que é sinônimo de 'verdade'.

Para que as nossas doutrinas atuem de forma prática sobre o chamado código moral, ou as ideias de retitude, pureza, abnegação, caridade etc., temos que popularizar o conhecimento de teosofia. O que caracteriza o verdadeiro teósofo não é o firme propósito individual de alcançar o nirvana (o ponto culminante de todo conhecimento e sabedoria absoluta), o que é, afinal, apenas um egoísmo exaltado e glorioso. É, porém, a busca altruística dos melhores meios que possam levar os nossos semelhantes ao caminho correto, para beneficiar o maior número possível deles.

Setores da intelectualidade humana parecem estar se dividindo rapidamente em duas alas. Uma está inconscientemente se preparando para longos períodos de aniquilação temporária, ou estados de não consciência, devido à renúncia deliberada de sua inteligência e aprisionamento nas estreitas trilhas do fanatismo e da superstição religiosa, um processo que conduz à deformação total do princípio intelectual. A outra entrega-se sem restrições às suas propensões animais com a intenção deliberada de submeter-se à aniquilação pura e simples em caso de fracasso, e a milênios de degradação após dissolução física. Essas "classes intelectuais", agindo sobre as massas ignorantes que eles atraem e que as veem como exemplos nobres e adequados a serem seguidos, degradam e arruínam moralmente aqueles que deveriam proteger e guiar. Entre a superstição degradante e o materialismo brutal e ainda mais degradante, a pomba branca da verdade dificilmente tem onde pousar os seus pés cansados e exautos.

É hora de a teosofia entrar na arena. Os filhos dos teósofos serão provavelmente, no devido tempo, mais teosofistas do que qualquer outra coisa. Nenhum mensageiro da verdade, nenhum profeta jamais alcançou durante a vida um triunfo completo, nem mesmo Buda. A Sociedade Teosófica foi escolhida como pedra angular, a base das futuras religiões da humanidade. Para alcançar-se o objetivo proposto, ficou estabelecido que deveria haver uma convivência maior, mais sábia e especialmente mais benevolente do superior com o inferior, do alfa e com o ômega da sociedade. A raça branca deve ser a primeira a estender a mão com fraternidade para as nações de pele escura e chamar de irmão o pobre "negro" desprezado. Essa perspectiva pode não agradar a todos, mas não é um teósofo aquele que se opõe a esse princípio.

Em vista do triunfo cada vez maior e do mal-uso concomitante do livre-pensamento e da liberdade (o reinado universal de Satanás, como diria Eliphas Levi), como poderia o natural instinto combativo do homem ser impedido de infligir crueldades e atrocidades, tirania e injustiça etc., se não fosse pela influência tranquilizadora da fraternidade e da aplicação prática das doutrinas esotéricas de Buda?

Pois, como todos sabem, a emancipação total da autoridade daquele poder único, ou lei, que tudo permeia chamado Deus pelos sacerdotes, ou Buda, sabedoria divina, iluminação e teosofia, pelos filósofos de todas as idades, significa igualmente a emancipação da lei humana. Uma vez libertas das interpretações dogmáticas, dos nomes pessoais, das concepções antropomórficas e dos sacerdotes assalariados, desvencilhadas de seu peso morto, as doutrinas fundamentais de todas religiões se provarão idênticas em seu significado esotérico. Osíris, Krishna, Buda, Cristo serão apresentados como nomes diferentes de uma mesma estrada real para a suprema felicidade final, o nirvana.

O cristianismo místico, isto é, aquele que ensina a autorredenção por intermédio de nosso próprio sétimo princípio (o *para-atma*, ou *augoeides*, chamado Cristo por alguns e Buda por outros, e equivalente à regeneração, ou ao renascimento em espírito) será percebido como sendo a mesma verdade do nirvana budista. Todos temos que nos livrar do nosso próprio ego, o eu aparente ilusório, para reconhecer nosso verdadeiro eu numa vida divina e transcendental. Mas, se não formos egoístas, devemos nos esforçar para que outras pessoas vejam essa verdade, reconheçam a realidade desse eu transcendental, o Buda, o Cristo, ou Deus de cada pregador. Essa é a razão pela qual mesmo o budismo exotérico é o caminho mais seguro para conduzir os homens em direção à única verdade esotérica.

No mundo em que agora nos encontramos, seja cristão, muçulmano ou pagão, a justiça é desconsiderada, e a honra e a misericórdia são lançadas ao vento. Numa palavra, vendo que os principais objetivos do ST são mal interpretados mesmo por aqueles que estão mais dispostos a ajudar-nos pessoalmente, como iremos lidar com o resto da humanidade em meio à maldição conhecida como a "luta pela vida", que é a verdadeira e mais fértil causa de todos os crimes e da maioria das aflições e tristezas? Por que essa luta se tornou o regime quase absoluto do universo? Nós respondemos, porque nenhuma religião, à exceção do budismo, ensinou até agora um desprezo prático por esta vida terrena, porquanto cada uma delas, sempre com aquela única e solitária exceção, inculcou o maior medo da morte através de seus infernos e de suas danações. Por conseguinte, encontramos esta luta pela vida abrangendo mais furiosamente os países cristãos, sendo mais prevalente na Europa e na América. Ela se torna mais fraca nas terras pagãs e é quase desconhecida entre as populações budistas. (Na China durante a fome e onde as massas são mais ignorantes de sua própria religião ou de qualquer outra, observou-se o notável o fato de que as mães que devoravam os seus filhos pertenciam a localidades onde estava situada a maioria dos missionários cristãos; onde não havia nenhum deles, e só os bonzos possuíam os campos, a população morria com a maior indiferença). Ensine-se o povo a ver que a vida nesta terra, mesmo a mais feliz, é apenas um fardo e uma ilusão e que só nosso próprio carma (a causa que produz o efeito) é nosso próprio juiz, o nosso salvador nas vidas futuras, e a grande luta pela vida logo diminuirá sua intensidade. Não há penitenciárias em terras budistas e o crime é quase desconhecido entre os budistas tibetanos. (O acima não está dirigido a você, ou seja, A.P.S., e nada tem a ver com o trabalho da Sociedade Eclética de Simla. Significa apenas uma resposta à impressão errônea na mente do Sr. Hume sobre o "trabalho do Ceilão" como não sendo teosofia).

O mundo em geral, especialmente a cristandade, deixado há dois mil anos no regime de um Deus pessoal, bem como os seus sistemas políticos e sociais baseados nessa ideia, mostrou-se até agora um fracasso. Se os teósofos disserem "não temos nada a ver com isso; as classes mais baixas e as raças inferiores (as da Índia, por exemplo, na concepção dos britânicos) não nos dizem respeito, e elas devem se arranjar como puderem", o que acontecerá com nossas belas declarações sobre benevolência, filantropia, reforma etc.? Serão zombaria tais declarações? E se forem zombaria, a nossa senda pode ser a verdadeira? Deveríamos nos dedicar a ensinar alguns europeus, os quais vivem na abundância, e muitos ostentando as dádivas de uma fortuna imerecida, como se dão os fenômenos de sinos soando no ar, da materialização de xícaras, do telefone espiritual e da formação de corpo astral, e deixar os milhões de ignorantes, de pobres e desprezados, de humildes e oprimidos cuidarem por si mesmos de sua vida futura da melhor maneira que puderem? Nunca! Antes pereça a S.T. com os seus dois infelizes fundadores do que permitirmos que ela se torne uma mera academia de magia, um centro de ocultismo. Que nós, os devotos seguidores de Gautama Buda, o homem dos homens, o espírito encarnado de absoluto autossacrifício, filantropia, bondade divina e as mais elevadas virtudes alcançáveis nesta terra de tristeza, viéssemos permitir à S.T. representar a corporificação do egoísmo, o refúgio dos poucos que jamais pensam nos muitos, é uma ideia estranha, meus irmãos.

Entre os poucos vislumbres obtidos pelos europeus a respeito do Tibete e de sua hierarquia mística de "lamas perfeitos", há um que foi entendido e descrito corretamente. "As encarnações do Bodhisattva, Padma Pani, ou Avalokitesvara e as de Tsong-ka-pa e de Amitabha, que renunciaram em sua morte a realização de *budado*, ou seja, o *summum bonum* da bem-aventurança e de sua própria felicidade individual, de forma a que pudessem nascer e renascer muitas vezes para o benefício da humanidade." (Rhys Davids). Em outras palavras, eles deveriam estar sujeitos repetidamente à miséria, à prisão na carne e a todas as dores da vida, para que, por intermédio de tal autossacrifício, repetido durante longos e monótonos séculos, pudessem se tornar instrumentos que assegurem a salvação e a felicidade futura de um punhado de homens escolhidos entre uma das muitas raças da humanidade. E é de nós, os humildes discípulos desses lamas perfeitos, que se espera a permissão para que a S.T. renegue o seu nobre título de Fraternidade da Humanidade, para se tornar uma simples escola de psicologia. Não, não, bom irmão, você tem laborado em erro há muito tempo. Vamos nos entender. Aquele que não se sente suficientemente capaz de compreender a nobre ideia e de trabalhar por ela, não precisa realizar uma tarefa muito pesada. Mas dificilmente existirá um teosofista em toda a Sociedade que não possa auxiliá-la efetivamente por meio da correção das impressões errôneas dos que estão de fora, quando não ajudando a propagar essa ideia. Oh! Ao homem nobre e altruísta que nos ajudar efetivamente na Índia nesta tarefa divina, todo o nosso conhecimento, passado e presente, poderia não ser suficiente para recompensá-lo.

Tendo explicado nossos pontos de vista e aspirações, tenho apenas mais algumas palavras a acrescentar. Para serem verdadeiras, a religião e a filosofia devem oferecer solução para todos os problemas. De vez que o mundo está moralmente numa situação tão ruim, tem-se uma evidência conclusiva de que nenhuma de suas religiões e filosofias jamais possuiu a verdade (as das raças civilizadas menos do que qualquer outra). As explicações corretas e lógicas sobre o tema dos problemas dos grandes princípios duais - certo e errado, bem e mal, liberdade e despotismo, dor e prazer, egoísmo e altruísmo - são tão impossíveis para elas agora quanto eram há 1881 anos. Elas estão tão longe da solução como sempre estiveram. Mas, deve haver em algum lugar uma solução consistente, e se nossas doutrinas mostrarem-se competentes para oferecê-la, então o mundo será rápido em confessar que estas devem ser a verdadeira filosofia, a verdadeira religião, a verdadeira luz, a qual oferece a verdade e nada além da verdade.

Notas sobre a Carta - por C. Jinarajadasa (em 1945)

Esta é certamente a carta mais importante já recebida dos mestres adeptos, justamente porque é uma comunicação do Maha-Chohan ("diante de cuja visão o futuro é como uma página aberta" - K.H., Carta nº 16), um dos três grandes adeptos que formam o "Triângulo" da Grande Hierarquia. Como a nota do Mestre K.H. diz, a comunicação não é uma carta escrita pelo próprio Maha-Chohan, mas o relatório de uma entrevista. Para que se compreenda o seu pleno significado, deve-se ter em conta a situação teosófica em 1881. Comunicações por meio de cartas precipitadas começaram a chegar ao Sr. A. P. Sinnett em outubro de 1881 (1880?), em Allahabad. A segunda pessoa mais importante no grupo de Allahabad era o Sr. A. O. Hume, que se juntou à Sociedade em 1881 (1880?). Sinnett era editor de *O Pioneer*, o jornal inglês que era praticamente o porta-voz do governo britânico; Hume era um alto funcionário a serviço daquele governo.

Aqueles ingleses estavam em estreito contato com as ideias científicas então prevalecentes na Inglaterra; nenhum deles era religioso ou tinha inclinação para o misticismo. Ambos eram "muito britânicos" e tinham uma antipatia velada pelos arianos de pele escura, entre os quais estavam destinados a viver temporariamente. O Sr. Sinnett sentia-se orgulhoso de sua raça, mas o Sr. Hume tinha um arrogante orgulho de possuir um suposto intelecto superior. O primeiro não tinha a menor ideia do que se entende por metafísica ou filosofia, ele era extremamente objetivo e fascinado por todos os experimentos científicos; o último era um ornitólogo que tinha como hobby colecionar peles de pássaros raros, e detinha algum conhecimento do pensamento metafísico. Ambos os ingleses foram atraídos para a teosofia; mas o que caracterizou o Sr. Sinnett foi uma afeição crescente pelo Mestre K.H., a quem ele chamava de seu "guardião", evidentemente uma ligação provinda de vidas passadas. Mas ninguém naquela época percebeu quem ou o que eram os adeptos, nem os adeptos se revelavam em sua completa natureza e poderes, mas apresentaram-se meramente como instrutores filosóficos que podiam realizar ocasionalmente certos "fenômenos". Alguns destes fenômenos estão relacionados no trabalho de Sinnett: O Mundo Oculto.

Mas acima de tudo, o que caracterizava aqueles dois ingleses, que não tinham conhecimentos científicos ou filosóficos extraordinários, era a profunda convicção de que conheciam o mundo ocidental muito melhor do que os adeptos. Quando os adeptos proclamaram o verdadeiro significado de sua tentativa de influenciar o mundo através do Sociedade Teosófica, qual seja o de levar o mundo na direção de uma percepção maior e mais verdadeira de fraternidade do que haviam conseguido as religiões até agora, os dois ingleses claramente informaram os adeptos de que não haveria futuro para o movimento teosófico no Ocidente seguindo-se tal linha de pensamento. A única maneira de convencer as mentes pensantes do Ocidente de que valeria a pena examinar as ideias dos adeptos, seria a realização de certos fenômenos sob perfeita 'condições de teste'. Cientistas europeus como Huxley, Tyndall, Darwin e outros estariam, então, prontos a examinar a tese teosófica concernente à vida e à evolução. Quanto ao primeiro objetivo da Sociedade de estabelecer uma fraternidade universal, o Sr. Sinnett e o Sr. Hume disseram que o cristianismo estava tentando proclamar a fraternidade por 1880 anos, sem sucesso; por que dissipar a energia dos teósofos que desejavam servir os adeptos ao longo dessa linha de pensamento inútil? A única maneira eficaz de convencer o Ocidente de que os adeptos tinham algo a ensinar seria executar, por exemplo, um milagre como o de levar o Times de Londres de uma data específica a Simla no mesmo dia de sua edição, uma jornada que levava geralmente vinte e um dias por vapor e ferrovia.

Os senhores Sinnett e Hume insistiram nessa tese repetidas vezes. Apesar de todos os ensinamentos recebidos, o Sr. Sinnett nunca mudou seu ponto de vista até o fim de sua vida. Ainda que tenha cessado, depois de longos anos, toda comunicação entre ele e o Mestre K.H., ele escreveu:

O verdadeiro trabalho de um teósofo é promover o progresso espiritual. Isso é uma tarefa mais importante do que a promoção da fraternidade - que é, afinal, o ensinamento fundamental da teosofia e do cristianismo.

O Sr. Sinnett e o Sr. Hume insistiram repetidamente em que eles conheciam o mundo (que significava a Inglaterra) melhor do que os adeptos, e continuavam tentando instruir os adeptos sobre o que deveriam fazer se desejassem que o movimento teosófico se tornasse um sucesso. Tão cansativos eram em sua insistência que, em certa ocasião, o Mestre M. escreveu o seguinte ao Sr. Sinnett:

Alguns dias antes de nos deixar, Koot Hoomi, falando em vocês, disse-me o seguinte: "Eu me sinto cansado e aborrecido com essas intermináveis discussões. Quanto mais eu tento explicar a ambos as circunstâncias que nos controlam e que nos impõem tantos obstáculos a um livre relacionamento, menos eles me entendem! Sob os aspectos mais favoráveis, essa correspondência deve sempre ser insatisfatória, irritantemente às vezes; pois nada menos de que entrevistas pessoais, nas quais pudesse haver discussão e solução instantânea das dificuldades intelectuais que surgissem, os satisfariam plenamente. É como se estivéssemos gritando um ao outro por sobre um abismo intransponível e apenas um de nós estivesse vendo o seu interlocutor. De fato, não existe em nenhum lugar da natureza física um abismo montanhoso tão irremediavelmente intransponível e obstrutivo para o viajante quanto o espiritual que os mantém longe de mim "(Cartas dos Mahatmas para A. P. Sinnett, Carta 29).

Um exemplo bastante característico da atitude, até mesmo do Sr. Sinnett, para com os adeptos foi uma carta que ele escreveu ao Mestre sobre esta mesma Carta 29, no sentido de que o Mestre deveria reescrevê-la, deixando de lado certas partes, uma vez que a carta, na forma como estava, não teria absolutamente o efeito que o Mestre desejava sobre o Sr. Hume.

Foi apenas com a permissão do Maha-Chohan que as comunicações ao Sr. Sinnett e o Sr. Hume, por meio de cartas e fenômenos, tinham começado e, como nenhum dos dois parecia razoável, o Mestre K.H. finalmente interpelou o Maha-Chohan. Resultou daí essa comunicação que denominei

Carta 1, que é praticamente o programa de trabalho e desenvolvimento da Sociedade Teosófica ao longo dos anos.

Um dos aspectos mais estranhos desse episódio é que o original desta carta do Mestre K.H. ao Sr. Sinnett, registrando as observações do Maha-Chohan, não foi encontrada em parte nenhuma. Não está publicada no *The Mahatma Letters to A.P. Sinnett* (*Cartas dos Mahatmas para A. P. Sinnnett*). Mas, felizmente para nós, foram feitas cópias, sob instruções dos dois mestres, das partes de suas comunicações para o Sr. Sinnett e o Sr. Hume que tivessem conteúdo instrutivos e dessem uma ideia da filosofia esotérica. Esta primeira carta foi copiada e reproduzida em Londres e enviada a certas pessoas selecionadas. Uma dessas cópias está entre os papeis de C. W. Leadbeater e, a partir dela, publiquei a carta na minha edição de 1919. Este ano de 1945, quando voltaram a Adyar nossos arquivos que foram retirados de Madras devido à guerra, encontrei um volume manuscrito com a caligrafia de Srta. Francesca Arundale, que continha, entre outros extratos das cartas, esta carta 1. Recuperei a carta a partir desses dois manuscritos.

H. P. B. conhecia, é claro, esta carta e evidentemente tinha uma cópia, pois citou alguns trechos dela (com pequenas mudanças, para publicação ao público, eu presumo), com a seguinte nota:

Mas outra carta foi escrita, também em 1880[5], que não é apenas uma repreensão direta aos teósofos que negligenciam a ideia principal da fraternidade, mas também uma resposta antecipada ao principal argumento de Sr. Émile Burnouf. Aqui estão alguns extratos retirados dela. Foi dirigida novamente àqueles que tentaram eliminar o "título sentimental» e fazer da Sociedade, apenas uma arena para "materializações de xícaras e toques de sino astrais". (*Lucifer*, Vol. II, agosto de 1888, pp. 431-32).

H.P.B. também citou esta carta em seu primeiro relatório, de 1888, para os membros da recém-formada E.S.T.[6]

Na carta 33, o Mestre refere-se àquela carta quando diz: "Aqueles que são nossos superiores disseram-nos que quem

[5] H. P. B. não levou em conta o que a carta diz em sua penúltima frase: há 1881 anos atrás."

[6] E.S.T. vem a ser a Escola Esotérica da Sociedade Teosófica. (NT).

imagina ser muito difícil a tarefa de trabalhar para os outros não conseguirá realizá-la."

Na edição de fevereiro de 1893 da revista *The Path*, editada por W. Q. Judge em Nova York, são citados três parágrafos daquela carta, o mesmo acontecendo nas cartas nº 32 e 33 deste trabalho. O artigo em *The Path*, no qual as três partes da Carta 1 do Maha-Chohan estão citadas, está assinado por 'Um dos Destinatários'. Só posso presumir que o Sr. Judge não sabia que o destinatário era o Sr. Sinnett, uma vez que as palavras do Mestre ao Sr. Sinnett, "Minha própria carta em resposta à sua seguirá em breve. (K.H.)", não estão na cópia reproduzida, a qual presumo, era a que o senhor Judge tinha diante de si.

A dra. Besant, em setembro de 1907, em seu primeiro discurso para a Sociedade na qualidade de Presidente, refere-se a partes desta carta citadas em *The Path*.

Na carta que ao Dra. Annie Besant recebeu em 1900 (Carta 46), o Mestre K.H., referindo-se à Carta 1, diz: "A Sociedade Teosófica foi concebida para ser a pedra angular das futuras religiões da humanidade."

O Sr. Sinnett trabalhou para a teosofia até o fim, com seus muitos livros e palestras constantes. Foi duas vezes vice-presidente da Sociedade. Mas sempre sustentou que o trabalho dos teósofos era dirigido a objetivos equivocados tanto pelo presidente H. S. Olcott como Annie Besant, e ele foi crítico das atividades de ambos. O Sr. Hume deixou a Sociedade em 1884. No entanto, foi tão forte o despertar de sua melhor natureza sob a influência dos adeptos, que realizou um dos grandes objetivos dos adeptos: despertar a Índia de sua posição de aquiescência subalterna à administração britânica. Foi o Sr. Hume, depois de se aposentar de serviço governamental, o principal proponente e inspirador da criação do agora famoso 'Congresso Nacional Indiano', e ele recebeu com justiça o nome de 'Pai do Congresso'.

Nota adicional sobre a carta Maha-Chohan (pelo editor, 1963)

Recentemente descobriu-se que a carta do Maha-Chohan aparece no álbum de recortes de H. P. B., nº XXIII, Parte II, (página 469), como um recorte do *American Religio-Philosophical Journal* de 26 de junho de 1886, em uma carta dirigida ao editor com o seguinte título:

Várias boas razões dadas a 'R.H.' pelo Chohan pelas quais a Sociedade Teosófica deveria ser uma Fraternidade da Humanidade.

No final da carta, há a seguinte nota:

O acima é uma versão abreviada dos pontos de vista do Chohan sobre a Sociedade Teosófica e o seu trabalho, tal como passada ontem à noite por intermédio de uma *chela* credenciado, e agora publicada em benefício daqueles a quem isso possa interessar.

No último parágrafo, onde o Sr. C. Jinarajadasa informa a data de 1880 (1881), o recorte fornece claramente a data de 1886. As duas versões são praticamente as mesmas, exceto por algumas pequenas diferenças de pontuação e palavras, mas a publicação americana omite as referências aos "missionários cristãos", a A.P.S., à Sociedade Eclética e ao Sr. Hume e à Índia.

Adyar, 1963.
Editor

O grande paradoxo[7]

H. P. BLAVATSKY

O paradoxo parece ser a linguagem natural do ocultismo. Mais do que isso, o paradoxo parece penetrar profundamente no coração das coisas, e ser, assim, inseparável de qualquer tentativa de expressar em palavras a verdade, a realidade subjacente às aparências exteriores da vida.

E o paradoxo não se encontra apenas nas palavras, mas nas ações, na própria conduta da vida. Os paradoxos do ocultismo devem ser vividos, não apenas enunciados. Aqui reside um enorme perigo, porque é muito fácil perdermo-nos na contemplação intelectual do caminho e, assim, esquecermo-nos de que só podemos conhecer o caminho, trilhando-o.

Um paradoxo surpreendente surge perante o estudante desde o princípio, fazendo-o confrontar-se com formas sempre novas em cada curva do caminho. Possivelmente, esse estudante procurou o caminho, desejando alguma orientação, uma regra sobre o que é correto para a conduta a ter na sua vida. O estudante aprende que o alfa e o ômega, o começo e o fim da vida são abnegação; e percebe a verdade do provérbio que afirma que, apenas na profunda inconsciência do esquecimento de si mesmo, podem a verdade e a realidade do ser revelar-se ao seu coração sedento.

O estudante aprende que esta é a única lei do ocultismo, ao mesmo tempo ciência e arte do viver, o guia para a meta que ele deseja alcançar. O estudante está repleto de entusias-

[7] Este artigo, franqueado à editora pela Sociedade Teosófica de Portugal, consta da *Osíris – Revista Portuguesa de Teosofia*, nº 24, jan-dez 2014., fonte: *CollectedWritings*, Volume 8, pp. 125-129.

mo e entra corajosamente na trilha da montanha. Então, o estudante descobre que os seus instrutores não o encorajam nos seus vôos ardentes de sentimento, no seu anseio pelo infinito que o faz esquecer de tudo — no plano externo da sua vida e da sua consciência atuais. Pelo menos, caso não esfriem o seu entusiasmo, os seus instrutores apontam-lhe, como primeira e indispensável tarefa, vencer e controlar o seu corpo. O estudante descobre que lhe são atribuídas tarefas muito mais terrenas, longe de ser encorajado a viver nos pensamentos vacilantes do seu cérebro, e fantasiar que alcançou aquela atmosfera onde existe a verdadeira liberdade — com o esquecimento do seu corpo, das suas ações exteriores e da sua personalidade. Toda a sua atenção e vigilância são requeridas no plano externo; ele nunca deve deixar de dar atenção a si mesmo, nunca perder o controle do seu corpo, da sua mente, do seu cérebro. Ele deve aprender a controlar até mesmo a expressão de cada aspecto seu, verificar a ação de cada músculo, controlar o mais leve movimento involuntário. A vida diária ao seu redor, e dentro de si mesmo, é apontada como objeto de estudo e de observação. Em vez de esquecer aquilo a que geralmente se chama insignificâncias, pequenos descuidos e erros acidentais da língua e da memória, ele é compelido a tornar-se, a cada dia, mais consciente desses lapsos, até que, finalmente, parecem envenenar o ar que ele respira e sufocá-lo, até lhe parecer perder de vista e perder o contacto com o grande mundo de liberdade pelo qual está lutando, até que cada hora e cada dia lhe pareçam repletos do gosto amargo do eu, e o seu coração se sinta adoecer com a dor e a luta do desespero. E a escuridão é considerada ainda mais intensa, porque a voz interior grita incessantemente: "Esquece-te de ti mesmo. Está vigilante, para que não te centres em ti mesmo — e a gigante erva daninha do egoísmo espiritual firmemente se enraíze no teu coração; tem cuidado, tem cuidado, tem cuidado!"

A voz agita as profundezas do seu coração, porque ele sente que as palavras são verdadeiras. A sua luta diária e contínua ensina-o a perceber que estar centrado em si mesmo é a fonte do sofrimento, a causa da dor, e a sua alma está tomada pelo desejo de libertar-se.

Assim, o discípulo é tomado pela dúvida. Ele confia nos

seus instrutores, porque sabe que através deles fala a mesma voz que ele ouve no seu coração. Mas agora eles pronunciam palavras contraditórias; uma, a voz interior, recomenda-lhe que se esqueça totalmente de si mesmo, em prol da humanidade; a outra, a palavra falada por aqueles de quem ele busca orientação, recomenda-lhe, primeiro, a controlar o seu corpo, o seu eu exterior. E a cada hora ele vê mais claramente como é difícil aquela batalha com a Hidra, e vê sete cabeças crescerem novamente no lugar de cada uma que ele decepou.

No começo, ele oscila entre as duas, ora obedecendo a uma, ora obedecendo à outra. Mas logo aprende que isso é infrutífero. Porque o sentido de liberdade e leveza que vem no início, quando ele deixa o seu eu externo sem vigilância para que possa procurar internamente ar puro, logo perde a sua intensidade e um choque súbito lhe revela que ele escorregou e caiu no caminho ascendente. Então, em desespero, ele lança-se sobre a traiçoeira serpente do eu e esforça-se por sufocá-la até à morte; mas os seus anéis espiralados, sempre fugidios, evitam as suas mãos; as tentações insidiosas das suas escamas brilhantes cegam a sua visão e, novamente, ele se envolve no turbilhão da batalha que o vence dia após dia e que, finalmente, parece encher o mundo inteiro e apagar tudo o mais da sua consciência. Ele está perante um paradoxo avassalador, cuja solução deve ser vivida antes que possa ser realmente entendida.

Nas suas horas de meditação silenciosa, o estudante descobrirá que há um espaço de silêncio dentro de si, no qual ele pode procurar refúgio dos pensamentos e desejos, do tumulto dos sentidos, e das ilusões da mente. Ao mergulhar profundamente a sua consciência no seu coração, ele pode alcançar este lugar – a princípio, somente quando está só, em silêncio e na escuridão. Mas, quando a necessidade do silêncio cresce, ele procurá-lo-á mesmo no meio da batalha com o eu, e o encontrará. Porém ele não deve abandonar o seu eu exterior, nem o seu corpo; deve aprender a retirar-se para esta cidadela quando a batalha se torna árdua; mas precisa fazê-lo sem perder de vista a batalha; sem se permitir fantasiar que desta forma ele vencerá. Essa vitória apenas é conquistada quando tudo é silêncio fora e dentro da cidadela interior. Lutando deste modo, de dentro do silêncio, o estudante descobrirá que resolveu o primeiro grande paradoxo.

Mas o paradoxo ainda o persegue. Quando ele consegue retirar-se para dentro de si mesmo, ele busca este lugar apenas como refúgio da tempestade no seu coração. E à medida que luta para controlar os acessos de paixão e desejo, mais plenamente ele percebe as poderosas forças que se incumbiu de conquistar. Ele ainda se sente, quando não está em silêncio, intimamente afim com as forças da tempestade. Como pode a sua força insignificante competir com estes tiranos de natureza animal?

Esta pergunta é difícil de responder com palavras diretas — se é que, de facto, pode ser dada uma resposta. Mas uma analogia pode apontar o caminho onde deve ser buscada a solução.

Quando respiramos, colocamos uma certa quantidade de ar nos pulmões e, com isto, podemos imitar em pequena escala os poderosos ventos do céu. Podemos produzir uma débil imagem da natureza: fazer uma tempestade num copo de água, soprar como um tufão e até mesmo afundar um pequeno barco de papel. E podemos dizer: "Eu faço isto, isto é a minha respiração". Mas não podemos soprar com a nossa respiração contra um furacão, menos ainda prender o vento nos nossos pulmões. No entanto, os poderes do céu estão dentro de nós; a natureza da inteligência que guia as forças do mundo está unida à nossa própria inteligência, e se entendermos isto e nos esquecermos do nosso eu, os próprios ventos poderiam ser nossos instrumentos.

Assim é na vida. Enquanto o homem se apegar ao seu eu exterior — e se apegar a cada forma que ele assume quando a sua pele mortal' é posta de lado — ele estará a tentar afastar um furacão com o sopro dos seus pulmões. Tal esforço é inútil e vão; porque, cedo ou tarde, os grandes ventos da vida o dominarão. Mas se ele mudar a sua atitude dentro de si mesmo, se ele agir sabendo que o seu corpo, os seus desejos, as suas paixões e o seu cérebro não são ele mesmo — embora ele os tenha a seu a cargo, e por eles seja responsável — se tentar lidar com eles como partes da natureza, então poderá ter a esperança de tornar-se uno com as grandes marés da existência e alcançar, finalmente, o lugar pacífico do esquecimento de si mesmo.

Os Mestres de Sabedoria[8]

C .W. LEADBEATER

Traduzido por Mariléa de Castro

A existência de seres humanos perfeitos é um dos mais característicos e também um dos mais alentadores dos ensinamentos da teosofia. Se formos refletir, decorre das doutrinas da evolução e da reencarnação. É evidente que, se o espírito humano está se desenvolvendo constantemente, se retorna muitas e muitas vezes em outros corpos, cada um deles de algum modo um pouco melhor que o anterior; se podemos encontrar, como encontramos, seres humanos em todos os níveis e degraus dessa escada evolutiva, então por certo torna-se claro que esse processo da evolução não termina conosco. Por certo já existiram homens mais adiantados do que nós, em todos os sentidos; eles também eram exemplos da evolução humana, e se continuaram evoluindo, é inegável que hoje devem ser ainda mais adiantados do que nós. Onde se encontram, então, esses homens obviamente mais evoluídos que nós?

Nosso esquema evolutivo deve possuir estágios definidos, e também um objetivo. Refletindo, e por analogia, é provável que tenha diversos objetivos; ou seja, ele possui um objetivo imediato e outro final – este, mais difícil de compreender, porque não vemos motivo por que esse processo venha a terminar algum dia, mas de qualquer modo deve seguir-se algum outro, cuja conquista seja o limite máximo da humanidade, comparado com o presente estágio. Se assim for, então devem

[8] Título original: Masters of Wisdom. Fonte: Adyar Pamphlets No. 86 - Theosophical Publishing House, Adyar. Madras, Índia, February 1918.

existir aqueles que já o atingiram, e por certo muitos que já se encontram mais próximos dele do que estamos atualmente.

Conhecemos muitos grandes homens de todas as épocas; a Igreja, por exemplo, fala dos grandes santos do passado. Esses homens perfeitos são santos, porém muito mais que isso, pois são criaturas que alcançaram tudo que lhes foi assinalado. Como diz *A Luz da Ásia*, eles realizaram o propósito que os tornou homens, e agora são mais do que isso. São super-homens, e estão ingressando em um estágio de evolução mais elevado do que qualquer que conheçamos.

O processo evolutivo consiste em que a mônada, que é uma centelha do fogo divino, desça até a matéria. Nenhum termo que pudéssemos utilizar seria perfeitamente adequado a essa mônada; está além de nossas possibilidades de descrição; mas talvez cheguemos perto se a chamarmos simplesmente de um fragmento da divindade. Na realidade, não pode haver fragmentos naquilo que permeia tudo, porém qualquer outro termo seria, creio, ainda mais enganoso. A mônada tem sido descrita como um reflexo da divindade, mas é muito mais do que mero reflexo, e para nossa limitada compreensão, o termo fragmento exprime mais a realidade que o outro. Entretanto, por certo devemos admitir que é um termo bastante equívoco.

Esse fragmento, pois, sendo uma parte do Divino, possui dentro de si, potencialmente, toda a bondade e perfeição. O que ele deve fazer, no decurso da evolução, é desenvolver tudo isso. Conquanto seja divino, é incapaz de agir como tal aqui em baixo, nestes planos inferiores. Ele precisa descer ao mundo material a fim de conquistar determinação, retidão e compreensão das coisas da matéria. Precisa também conhecer muito mais do que nós aqui sabemos do infinito, dos aspectos mais elevados e sublimes de todas as coisas; contudo, parece não ter a capacidade de compreender os meandros da matéria física, a capacidade de atuar nela com determinação e precisão Tanto quanto sabemos, neste sistema solar, ela desce até o segundo desses planos.

A teosofia fala dos planos ou subdivisões da matéria; há sete deles, e de cima para baixo, a mônada desce apenas até o segundo, e parece ser incapaz de mergulhar integralmente abaixo dele. Ela pode projetar uma pequena porção de si mesma ainda mais abaixo, até a porção superior daquele a que chamamos de plano mental, que é o quinto a contar de cima; pode atingir apenas a parte superior desse plano, e aí se detém. A essa projeção damos o nome de ego. Ele corresponde àquilo que muitos chamam de alma.

Quando o ego ainda é involuído, necessita de vibrações fortes e relativamente grosseiras para impressioná-lo, e como estas não existem em seu próprio plano, ele precisa descer a níveis mais baixos para encontrá-las. Então ele, por sua vez, faz o que fez a mônada. Ele não pode descer integralmente mais abaixo, mas pode projetar uma pequena parte de si próprio até o plano físico, no qual agora vivemos, e a esse pequeno fragmento de um fragmento nós damos o nome de personalidade.

A personalidade mergulha na matéria como representante do ego, ou alma, da qual é uma parte, e seu objetivo é retornar a esse ego levando consigo o resultado do que aprendeu. Como parte desse ego, ela aprende a funcionar aqui embaixo e a atuar através de um cérebro físico; aprende a trabalhar através de um corpo astral e mental, e finalmente retorna para o ego levando as capacidades que tiver desenvolvido À capacidade de responder a um conjunto de vibrações chamamos de amor, a outra devoção, a outra simpatia, e assim por diante. Tudo pode ser traduzido em termos de vibração, e essa é, de vários modos, a maneira mais científica de tratar da matéria. De qualquer forma, esse fragmento retorna muitas vezes ao ego de que proveio, levando consigo a cada vez capacidades um pouco maiores.

Chega um momento, no decorrer do processo evolutivo, em que o ego unificou a personalidade consigo. A criatura então passa por uma aprendizagem especial, cuja finalidade é levá-la, tão rapidamente quanto possível, ao nível previsto para a humanidade neste conjunto de planos nos quais estamos evoluindo. Este ciclo específico de evolução de que fazemos parte deve conduzir-nos a um determinado nível. Quando o homem o atingir, terá chegado ao estágio em que o ego e a mônada são unificados, em que a mônada pode usar o ego simplesmente como um instrumento, e atuar através dele em todos os planos em que se desenvolveu. Esse é o final da evolução puramente humana, e o ser humano, então, se acha pronto para o adeptado.

Todos os reinos inferiores, e a evolução que se realizou neles, são preparações para o que acabamos de dizer, pois deve-se lembrar que o ego somente desce quando ocorre a individualização. É a isso que se denomina individualização – o ego separado penetrando no homem. Encontramo-nos num estágio definido da evolução, alguns naturalmente mais adiantados que outros, mas em geral nossa situação é a seguinte: nossos corpos físicos estão desenvolvidos, e devem encontrar-se totalmente sob nosso controle. É claro que sabemos que em muitos casos não estão, mas todos admitimos que deveriam estar; essa etapa de nossa evolução foi atingida. Já desenvolvemos inteiramente nosso próximo veículo, o corpo astral, mas ele ainda não se acha plenamente sob controle, exceto no caso de alguns poucos.

O corpo astral é o veículo das emoções e dos desejos, e a maioria da espécie humana inquestionavelmente vive em suas emoções, e para suas emoções e desejos. São poucos os que já conquistaram esse eu inferior e transcenderam os desejos, e vivem inteiramente para outros propósitos mais elevados; mas esses ainda são poucos, e a maioria dos seres humanos ainda se encontra no estágio em que deveriam estar trabalhando para conseguir controlar seu corpo de emoções e desejos.

O próximo veículo, o corpo mental, acha-se em todos nós em processo de desenvolvimento. O intelecto certamente já realizou muito para nós, mas é capaz de fazer muito mais, e o fará. Nossos corpos mentais ainda se acham muito pouco desenvolvidos, exceto no caso de alguns poucos.

Quando esses três veículos estiverem subordinados ao ego, o homem estará pronto para ingressar naquela outra forma especial e mais elevada de aprendizado, mas não se segue daí, naturalmente, que aquele que se tornou um iniciado já tenha desenvolvido perfeitamente os três; é bem certo que não, pois se o tivesse, teria atingido o adeptado. Mas o homem que está trilhando a Senda deve ter uma única intenção, um só objetivo – o de auxiliar a evolução.

Quando o caminho de descida até o estágio humano estiver concluído, quando o homem atingir o adeptado, então começa a viver a verdadeira vida, a vida da mônada, para a qual tudo o que tiver acontecido antes é apenas a preparação. Se entendermos esse conceito de evolução, veremos de imediato que nossas ações e objetivos em qualquer das vidas são apenas relativos, de pouco valor, se comparados com o todo. Quando o homem pensa que vai viver apenas uma única vida, naturalmente os objetivos dela são as coisas de real importância para ele, mas quando se dá conta de que esta vida é como se fosse um só dia dentro de uma vida maior, todas as coisas que pertencem só a esse dia são de menor valor.

O homem, ao se tornar um adepto, tendo atingido o objetivo da vida humana, geralmente abandona os corpos materiais, mas continua com o poder de envergar um corpo de qualquer nível sempre que for necessário para seu trabalho. Não posso falar muito sobre o trabalho que faz, mas podemos imaginar que deve ser muito semelhante ao que geralmente se atribui aos anjos. A palavra "anjo" é derivada de um termo grego que significa mensageiro. Os anjos são os mensageiros de Deus, e essas criaturas mais que humanas se tornam Seus mensageiros também, e a humanidade é apenas um estágio através do qual passaram, a fim de desenvolver a capacidade de serem mensageiros d'Ele, as faculdades requeridas para esse trabalho. A maioria deles, como disse, não possui corpo físico, e estão longe de nosso alcance, mas alguns desses homens perfeitos permanecem em contato com o mundo a fim de realizar trabalhos necessários ao progresso da evolução no planeta.

O crescimento humano não é deixado entregue a si mesmo, como muitos têm pensado; ele é guiado com segurança, lenta mas seguramente, nas sua rota; o avanço é muito lento, esse avanço da humanidade através dos séculos, mas é um progresso; ele prossegue, e prossegue, sem a menor dúvida, guiado.

Sei que o conjunto da evolução parece um caos quando olhado aqui em baixo, mas quando visto de cima percebemos que, lento como possa parecer, ele é organizado.

A conquista da perfeição é uma possibilidade que por certo se encontra ao alcance de qualquer um no curso de sua evolução, e a qualquer momento ele pode dirigir sua atenção para ela, e apressá-la consideravelmente se a tomar nas mãos de forma inteligente.

Muito poucos daqueles homens elevados e perfeitos ficam para trás a fim de assumir postos de direção dos vários estágios da evolução terrestre. Desse pequeno grupo, só um reduzido número se dispõe a ter aprendizes, a assumir homens com mentes afinizadas com as suas e instruí-los para executar a tarefa que eles fazem. Os que já atingiram esse nível, em nosso mundo, constituem um pequeno grupo de seres; entende-se facilmente que pertencem, não a uma única nação, mas a todas as nações do planeta.

São homens que se acham libertos das leis comuns que regem a humanidade – isto é, leis como as que obrigam os homens a encarnar neste ou naquele lugar. Não são mais obrigados a qualquer encarnação; se tomam um corpo, é com o propósito de auxiliar a humanidade, e podem tomá-lo onde e quando lhes apraz. Não tem qualquer importância o povo em que escolhem manifestar-se.

Na verdade, uns dezeseis desses grandes seres são conhecidos pessoalmente por mim. Sei que há muitos mais, porém esses são aqueles com os quais entrei mais ou menos em contato. Quatro deles se acham no momento usando corpos indianos; dois estão em corpos ingleses. Um dos maiores deles tem um corpo irlandês, dois são gregos, e outros três possuem corpos de raça branca, mas não sei qual é seu país natal. Há alguns outros ainda maiores que provêm de uma outra evolução. Portanto, vê-se que não há fundamento para a ideia comum de que tais instrutores pertencem a uma única nacionalidade, nem de que vivem juntos como monges em um monastério deste plano.

Quais são as características peculiares de um adepto? Seus poderes são muitos e maravilhosos para nós, porque ele conhece perfeitamente a atuação de muitas leis da natureza que no momento são para nós um livro fechado. Mas talvez a característica predominante em um adepto seja que ele vê tudo de uma perspectiva muito diversa da nossa. Ele não tem absolutamente nenhum desejo ou pensamento voltado para si próprio; pensa apenas e exclusivamente na tarefa que tem a executar; existe para isso, e seu trabalho sempre, de uma forma ou outra, é o de ajudar o processo da evolução. Ele vive inteiramente para isso, e não pensa em si mesmo. Esta é uma perspectiva tão diferente do comum, que é difícil para as pessoas entender, mas existem alguns idealistas, que vivem só para uma grande causa com a qual se identificam, que serão capazes de apreender essa ideia, poderão entender que alguém possa de fato esquecer-se de si mesmo por sua grande causa.

Outra característica marcante do adepto é o seu desenvolvimento equilibrado em todos os sentidos. Todos nós, como devem saber, somos imperfeitos em nosso desenvolvimento, isto é, uma faceta de nosso caráter, um conjunto de qualidades, é geralmente mais desenvolvido que outros. O adepto é igualmente evoluído em todos os sentidos, e por isso nos surpreende, por ser uma pessoa extraordinária, pois em todos os sentidos ele pode compreender-nos, é capaz de entender seja o que for.

Muitas vezes nos perguntam: se por acaso uma pessoa comum encontrasse um adepto, saberia que ele é um adepto? Penso que provavelmente não; ela possivelmente sentiria estar na presença de alguém marcante, nobre, digno, porém não haveria nenhuma peculiaridade externa pela qual pudesse adivinhar que se tratava de um adepto. Veria nele uma tranquilidade, uma benevolência, uma segurança, demonstrando aquela paz que ultrapassa todo entendimento. Entretanto, não haveria nada que o distinguisse de outros homens de bem, exceto talvez a sabedoria que demonstrasse. Seria, creio eu, mais silencioso que a maioria das pessoas, pois um adepto fala somente com um propósito definido, com o objetivo de apoiar ou auxiliar na grande obra, e certamente não gasta suas energias em conversas vãs. Seria sempre amável, mas teria um agudo senso de humor, o qual entretanto nunca seria empregado de maneira a ferir ninguém, e sim apenas para auxiliar, ou em geral para fazer alguém perceber algo da forma adequada. Uma pessoa sem senso de humor por certo não faria progresso no caminho oculto; é uma qualidade, de fato, muito necessária. Assim, pode-se dizer que a pessoa comum poderia encontrar um adepto e sem dúvida não o reconhecer como tal; dificilmente deixaria de ficar impressionada com ele, mas certamente não reconheceria seus poderes ocultos.

Quanto à questão das evidências de sua existência, eu pessoalmente não precisei de nenhuma, pois percebi logo que se a evolução fosse uma verdade, e a reencarnação um fato, deveriam existir tais seres em algum lugar, e não me pareceu em absoluto irrazoável que pudéssemos por vezes ser capazes de entrar em contato com eles. Mas para aqueles que analisam a questão sob outros ângulos, há uma quantidade de testemunhos. Todos chegamos a este tema por meio dos ensinamento de nossa grande fundadora, Madame Blavatsky; ela mesma testemunhou ter visto vários desses Mestres, ter ficado na casa de um deles, e que encontrou vários deles muitas e muitas vezes, e permanecia em comunicação constante com eles. Nosso co-fundador e primeiro presidente, o coronel Olcott, testemunhou exatamente a mesma coisa; ele próprio encontrou em muitas ocasiões esses Mestres, e os viu tanto astral como fisicamente. Nosso atual vice-presidente, o sr. A. P. Sinnet, deu o mesmo testemunho, assim como nossa atual presidente, a sra. Annie Besant. Ela conhece pessoalmente muitos desses grandes seres, e pode afirmar que os viu repetidas vezes em circunstâncias que eliminam totalmente qualquer possibilidade de erro ou engano de qualquer tipo. Eu pessoalmente posso dar o mesmo testemunho, de que vi muitos deles, e que conheço de perto e – se alguém pode ousar dizê-lo – intimamente aqueles que mencionei acima

Muitos dos nossos membros tiveram o privilégio de ver um ou dois dos Grandes Mestres; diversos outros têm lembranças deles que dificilmente serviriam como testemunhos para outros, mas que não obstante são totalmente convincentes para a pessoa que as experimentou. A única objeção que se faz a esses testemunhos é que podemos ter sonhado esses fatos, ou que fomos iludidos, e a razão por que se pode sugerir tal coisa é que as circunstâncias nos impedem de encontrar com frequência esses grandes seres, enquanto eles e nós estamos usando um corpo físico.

Naturalmente, existem aqueles que dizem que todo o ensinamento teosófico é uma espécie de fraude, e que nós simplesmente temos a pretensão de ter visto esses grandes seres. Um grande número de pessoas tem dúvidas sobre nosso testemunho, porque, dizem: "Vocês os viram, esses seres, mas enquanto estavam em corpo astral, e trouxeram a lembrança disso para seu cérebro físico. Nada sabemos dos corpos astrais, nem mesmo temos certeza de que os possuímos, e não podemos estar certos de que recordações trazidas dessa forma sejam verdadeiras; parece-nos muito mais ser como um sonho". Porém, como muitos de nós temos estado há muitos anos em comunicação diária com esses grandes seres, certamente seria necessária uma fantástica capacidade de sonhar, se todas as nossas experiências não passassem de sonhos vívidos.

Amigos espiritualistas às vezes nos perguntam: "Como vocês sabem que esses seus Mestres realmente existem no plano físico? Não poderiam ser, afinal, espíritos de altas esferas, que os tivessem hipnotizado e estejam dizendo que vivem no plano físico?" Só o que posso dizer é que só se fosse possível haver uma influência tão completa como essa, mantida durante todos esses anos, então suponho que isso poderia acontecer. Não sei se estaria em condições de provar o contrário, porque naturalmente, dentro dessa teoria, poderíamos ser hipnotizados para acreditar em qualquer coisa.

Se pode existir uma evidência, é a destas pessoas e de muitas outras. Esses fatos existem, mas existe essa objeção de que grande número desses encontros acontece quando nos encontramos em corpo astral, e o Grande Ser em seu corpo físico; às vezes é o inverso, e nós em corpo físico de súbito vemos ao nosso lado um desses grandes seres em uma forma materializada. Podem dizer que também poderia ser algum tipo de alucinação. Como já disse, esses grandes seres se mantêm em grande parte afastados da humanidade, simplesmente porque podem realizar um trabalho melhor e mais satisfatório quando assim permanecem. Deve-se pensar neles como grandes poderes espirituais que agem sobre as almas dos homens, e não sobre seus corpos. Podem ver que tanto Madame Blavatsky como o coronel Olcott dizem em suas obras que eles próprios, estando em seus corpos físicos, encontraram-se com esses grandes seres também em corpos físicos. Testemunho análogo é oferecido por vários outros autores.

Eu mesmo, por exemplo, posso dar testemunho de que vi dois desses grandes seres quando tanto eles como eu nos encontrávamos em corpo físico. Num dos casos, tive a honra de receber um convite para jantar e passar a noite na casa de um desses elevados seres, que vivia na Índia, e assim obtive a mais completa prova possível de sua existência física; e como eu havia antes visto o mesmo Grande Ser muitas vezes em corpo astral, vê-lo em corpo físico constituiu mais uma prova.

No caso de um adepto europeu, tive o privilégio de encontrá-lo no Corso, em Roma. Portanto, como veem, existem evidências para aqueles que as desejam, testemunhos como aqueles que teriam quanto à existência de quaisquer outras pessoas que nunca tivessem encontrado. Eu mesmo nunca precisei de testemunhos, pelo fato de que acho garantido que tais seres devem existir, e portanto, ficar sabendo que eles existem mesmo é apenas exatamente o que esperaria.

Para mim, o que interessou sempre foi como podemos aprender com eles; como se pode entrar em contato estreito com eles, e ser instruído para ajudar no magnífico trabalho que realizam, o de promover a evolução da humanidade.

Soubemos dessa possibilidade outrora, quando falamos com a própria Madame Blavatsky, e lhe perguntamos: "É possível para nós saber mais, podemos de alguma forma entrar em contato com esses grandes seres de que nos fala, podemos trabalhar com eles?" Ela respondeu: "Sim, certamente, é possível; mas lembrem-se de que eles não têm prediletos; eles podem aceitar um ser humano como aprendiz, mas o farão somente se ele prometer ser um aprendiz útil, apenas se demonstrar, por seu caráter agora, que será capaz de trabalhar como eles trabalharam ao ensiná-lo; pois qualquer um que ainda tiver dentro de si algo de interesse próprio, qualquer um que ainda estiver pensando em seu próprio progresso e não no trabalho a ser feito, certamente não entrará em contato com eles, porque seria um desperdício de Seu tempo investi-lo em ensinar esse homem", Pois, embora seus poderes pareçam para nós como os de um deus, e eles sejam tão mais elevados que nós em todos os sentidos, e tão mais nobres – contudo, os poderes de um Mestre têm um limite. E Madame Blavatsky nos disse que eles se consideram responsáveis pelo uso desse poder, até a última gota, no melhor emprego possível para o progresso da evolução. Se, ao instruir uma pessoa, eles puderem ter, dentro de um tempo razoável, um bom instrumento que sob a sua direção possa realizar uma grande soma de bem para o mundo, para o progresso da evolução, então eles considerariam que vale a pena investir nessa pessoa a quantidade de tempo necessária para sua aprendizagem; mas se achassem que a pessoa não daria o retorno, considerariam que o tempo gasto em ensiná-la não seria empregado da melhor forma.

Portanto, a única maneira para qualquer um chegar a ser aceito por eles é lançar-se ao trabalho e demonstrar o que pode fazer, sem ser ensinado, para tornar-se uma pessoa não egoísta e dedicada, e trabalhar com algum propósito altruístico. Quando estiver trabalhando absolutamente sem nenhum pensamento em si próprio, apenas por uma causa que seja realmente para o bem da humanidade, então essa pessoa tem a possibilidade de ser notada e guiada por algum desses grandes seres, pois eles estão sempre em busca daqueles que irão tomar seus lugares no futuro. Portanto, qualquer um pode aproximar-se deles dessa forma, mas não por via de qualquer favoritismo, e sim apenas trabalhando e merecendo ser notado por eles.

O conhecimento do plano evolutivo está ao nosso alcance como teosofistas; devemos estudá-lo e se, depois disso, tendo adquirido um certo nível de compreensão, quisermos nos aproximar deles, o caminho está sempre aberto. Tende a certeza de que só poderemos alcançá-los tornando-nos não egoístas como eles são, aprendendo a esquecer nosso ego pessoal e devotando-nos, como eles fazem, inteiramente ao serviço da humanidade.

Consciência e teosofia[9]

JOSÉ ANTÔNIO ALVES

A Estrutura da Vida

A vida está fundada na ordem e no caos. Este caos produz alguns padrões, a que podemos chamar dessincronizações, mas elas serão posteriormente reintegradas na ordem. Podemos dizer que há duas leis, que a teosofia denomina Lei da Vibração e Lei da Ordenação. Tudo vibra em freqüências variadas, dando a sensação de desordem e caos, mas finalmente tudo volta à unidade de forma ordenada.

A própria explosão do Big Bang deu origem ao caos inicial, inimaginável para as nossas mentes, mas lentamente tudo ganhou a ordem existente no Universo e que hoje todos podemos contemplar, pois as galáxias não colidem umas com as outras, tudo acontece como se obedecesse a um programa previamente planejado, levando a que Descartes tivesse comparado o funcionamento do Universo a um mecanismo de relógio.

Em muitos níveis, o corpo humano é completamente caótico. A cada inspiração, milhões de átomos de oxigênio em turbilhão penetram na corrente sanguínea; outros tantos triliões de proteínas e de enzimas inundam cada célula, e até os disparos dos neurônios cerebrais se assemelham a uma enorme tempestade, quase diríamos incessante. No entanto, esta aparente desordem é apenas a outra face da mesma moeda que é a ordem. Na verdade as nossas células são obras maiores de boa organização e a tempestade caótica do nosso

[9] Este artigo, franqueado à editora pela Sociedade Teosófica de Portugal, consta da *Osíris – Revista Portuguesa de Teosofia*, nº 24, jan-dez 2014.

cérebro dá lugar a pensamentos organizados e com sentido. E todos estes processos ocorrem sem que, na maioria dos casos, tenhamos sequer que pensar neles. Digamos que é a parte inconsciente do nosso ser que os processa.

Qual será a força misteriosa que faz mover as galáxias, que faz os corações humanos bombear o sangue para todo o organismo, que faz as sementes germinarem e darem lugar às árvores, às flores e aos frutos, que faz os espermatozoides se movimentarem sozinhos quando observados ao microscópio, sem aparentemente existir nada que os impulsione, que faz os neurônios estarem permanentemente envolvidos em tempestades neuronais?

A resposta a estas questões parece evidente. Podemos dar-lhe o nome que entendermos, Deus é o mais comum, o "sempre não manifestado", a divindade, a consciência, a fonte – o nome aqui não é o mais importante.

Como se Processa a Vida

Quando alguém olha para uma estrela, a única forma de a ver, é a luz da estrela penetrar nos seus olhos. Feixes de luz da estrela fluem continuamente de um lugar para o outro, como fios invisíveis. O que é uma estrela senão luz? Se o que está na estrela é luz, se os feixes de luz também são a própria luz, então podemos afirmar que não existe separação alguma entre nós, que observamos, e a própria estrela. Ambos fazemos parte do mesmo campo de luz, pois somente as partículas da mesma natureza interagem entre si. Caso contrário repelir-se-iam.

Quando nos libertamos do ego, libertamo-nos da memória. Estas memórias foram-nos incutidas pela sociedade, pelos pais, professores e amigos, incutindo-nos a idéia de "eu" e "tu", "nós" e os "outros", completamente separados. Mas, quando nos vemos como seres de energia, compostos por átomos, fótons, neutrons, neutrinos, e meditamos serenamente sobre isto, desaparecem as distâncias e vemo-nos como aquilo que somos: pequenas partículas de um todo mais vasto, gotas de água do imenso oceano cósmico.

Mas como sabemos estas coisas? E como saberemos se elas são verdadeiras ou falsas? Como poderemos nós integrá-las nas nossas vidas como sendo verdadeiras, tornando-as parte dos nossos seres? Ou, se falsas, recusá-las?

Os mestres de sabedoria, desde tempos imemoriais, através da sua evolução espiritual e capacidades intuitivas, sempre disseram que a vida é una, que todos somos apenas um e somos membros do mesmo organismo que é a vida. Os *Upanhishads* dizem taxativamente: "Vós sois Aquilo". Jesus disse: "Vós sois todos filhos de Deus".

Modernamente os cientistas da nova física (a física quântica) vêm fazer coro com os ensinamentos espirituais de todos os tempos. Os conhecimentos desta nova física puseram em estado de sítio todos os outros fornecidos pela física clássica. Esta, mesmo perante evidências cada vez maiores, mostra-se renitente na aceitação da realidade que os novos cientistas vêm descobrindo.

Jesus dizia que tudo aquilo que fizéssemos ao mais pequeno dos nossos irmãos, seria a ele que o faríamos. Queria dizer, certamente, que se todos somos gotas deste imenso oceano, alguma alteração que se possa fazer numa dessas gotas, é a nós próprios e ao oceano que a fazemos.

Buda disse que uma das causas para o sofrimento humano é o apego que temos às coisas transitórias. Ora, como todos sabemos, aquilo que em nós é imortal é o eu superior e não o corpo físico e os bens materiais. Se estamos apegados a estes últimos, estamos a viver em contra ciclo, em relação ao sentido da vida.

Einstein afirmou: "Os seres humanos só poderão alcançar uma vida harmoniosa e gratificante se conseguirem renunciar, dentro dos limites da natureza humana, ao esforço de satisfazer os desejos de ordem material."

Mas para que estes seres pudessem fazer estas afirmações, tiveram que refletir imenso sobre a vida e todas as suas implicações. Tiveram que ter consciência de si próprios, da vida que nos rodeia, do tempo e do espaço onde a mesma ocorre e do processo através do qual ela se manifesta.

É aqui que nos recordamos também de Krishnamurti, que abordou tantas vezes a temática do observador, da coisa observada e do processo de observação, como sendo o fundamental para o conhecimento da realidade e de como esta revela todos sermos um só.

Este tipo de raciocínio permite-nos saber que, ter consciência é ser a consciência cósmica ela própria. Tal como o exemplo da luz das estrelas, que é captada pelos olhos humanos, nos permite saber que também somos luz, pois de outra maneira não seria possível captá-la, só sendo consciência pura teremos capacidade de fazer parte da consciência e de a apreender.

Tomemos um pequeno exemplo simples, retirado do livro Deus não morreu, do físico Amit Goswami, ao descrever como um arquiteto concebe a realização de uma casa: "Ele começa por ter uma idéia. Numa segunda fase, o arquiteto fará um esboço dessa idéia. E só então começará a construir uma casa material, a partir dos seus componentes físicos".

Se toda a humanidade foi feita à imagem e semelhança do criador, como nos é dito na Bíblia, é natural que o ser que foi criado imite o pai quando se trata também de criar.

A consciência cósmica ou, na designação dos novos cientistas, a consciência quântica, trabalha da mesma forma que um arquiteto ao criar a vida. Primeiro conceberá a idéia, no domínio mental. Depois, quando efetuar os esboços, terá em conta as possibilidades na área da energia subtil, ou dos arquétipos de Jung ou Platão. Finalmente, já na energia física, processam-se as possibilidades materiais para serem representadas fisicamente, utilizando-se os campos morfogénicos de Sheldrake como moldes.

É neste campo, de todas as possibilidades, e desta forma, com os campos morfogénicos, em que as próprias células adquirem diversas especializações, que o arquiteto celestial trabalha. Agora com os novos conhecimentos da ciência, podemos verificar, nas palavras de Amit Goswami, que "a realidade física é a forma, o órgão, tal como qualquer biólogo reconhece e qualquer um pode verificar. Mas existe ainda o campo morfogénico, oculto na psique de quaisquer seres vivos, originando a sensação de estar vivo a que Bergson apelidou de elo vital". E não nos diz a teosofia que o *fohat* tudo impulsiona e move? Não se estará aqui a falar de coisas semelhantes, embora com palavras diferentes?

A consciência (tudo o que existe) é a base de toda a existência, inclusive a matéria e o cérebro. A consciência precede a experiência, dispensando qualquer objeto e qualquer sujeito. A esta forma de ver e fazer ciência os novos cientistas denominaram causalidade descendente.

Os campos morfogénicos, os esboços arquetípicos e os saltos quânticos (ou a descontinuidade) são as provas científicas da existência da divindade, segundo Amit Goswami.

Genes (incluindo os do DNA) que transformam os aminoácidos em proteínas, o citoplasma e o espaço das células, onde tudo isto funciona, são os ingredientes que a divindade utiliza para dar sentido e forma à vida.

Continuando a citar Amit Goswami, "a magia da vida deriva de três fatores:

1) a causalidade descendente, da criatividade divina, cria;

2) a hierarquia enredada na organização da célula viva, permite o colapso quântico (a manifestação) autorreferencial da célula, e tudo graças;

3) ao esboço vital (o arquétipo) a partir do qual se faz uma representação física."

Não é isto o que dizem os cientistas clássicos darwinistas ou os neodarwinistas. Dizem que a vida não tem qualquer sentido específico, antes derivando do acaso fortuito. Eles propugnam a evolução lenta das formas físicas, tendo em conta a lei do mais forte nos acasalamentos. Como são os mais fortes que acasalam, transmitem os seus genes à descendência. E a evolução far-se-ia assim lentamente. Quando ocorrem novas descobertas fósseis, aí os encontramos, aguardando pacientemente para encontrar o célebre "elo perdido" que lhes possibilite uma explicação mais cabal para decifrarem a vida.

Mas o que são estes elos perdidos? São as aparentes lacunas de vestígios geológicos entre diferentes formas de vida, das mais simples às mais sofisticadas. Eles são aos milhares entre formas de vida intermédias. E são bem reais.

Os neodarwinistas continuam a afirmar que essas lacunas nada significam, aspirando a que elas sejam preenchidas pelas novas descobertas.

Existem também aqueles que seguem literalmente os textos sagrados (por exemplo o Gênesis bíblico), os quais afirmam que Deus terá criado a vida de uma só vez. Os fósseis e os elos perdidos nada significam.

Mas os místicos de todos os tempos, os teósofos e outros espiritualistas, e agora os cientistas na nova ciência, não dizem tal. Aliás, será uma pura miopia continuar a defender coisas que os novos conhecimentos não confirmam. Como afirmou Abraham Maslow, com evidente ironia: "suponho que seja tentador, quando a única ferramenta que se possui é um martelo, tratar tudo como se fosse um prego".

Enquanto a evolução materialista de Darwin é lenta e contínua, a evolução proposta e constatada pela física quântica é processada por saltos quânticos. O que são estes saltos? Quando os elétrons se movem de órbita em órbita em torno do núcleo, não se movem no espaço como objetos comuns, movem-se instantaneamente. Ou seja, desaparecem de um local, uma órbita, e aparecem noutro. A isto se dá o nome de salto quântico. Para complicar ainda mais esta questão, não se sabe onde irá aparecer o elétron, nem quando irá saltar. O melhor que se consegue fazer é calcular as probabilidades da nova localização do elétron, através duma fórmula matemática complicada que não entra nesta explanação. E o que faz um elétron ao ser localizado? Colapsa, na linguagem da nova ciência, ou aparece e manifesta-se, numa linguagem mais simples. E o que o faz manifestar-se ou aparecer? A observação humana. E este é o processo que origina a criatividade. Algo que aparentemente aí não estava, surge como que por magia. Tais são os eureká dos cientistas, dos criadores de arte.

Ou seja, ao nível material, não se nega a teoria evolucionista. Mas esta não provoca uma mudança para algo de novo e de significativo. A matéria não consegue originar significado. Ou seja, a mente não pertence ao cérebro, sendo independente deste. A mente é o órgão que proporciona a atribuição dos significados às experiências. Mas deverá haver algo que efetue a ligação de uma (a mente) ao outro (cérebro). O que poderá ser? A resposta só pode ser um deus quântico. Nas palavras de Amit Goswami: "Deus enquanto consciência quântica provoca o colapso das ondas de possibilidades tanto no cérebro como na mente, de modo a experimentar o significado mental, ao mesmo tempo que elabora uma memória cerebral."

Concluindo, diremos, citemos o professor Amit Goswami: "não existem vestígios fósseis das fases intermédias, porque não existem fases intermédias". Vemos assim, agora com clareza, que os elos perdidos são apenas provas da criatividade biológica, de saltos quânticos na evolução. Ora isto constitui uma "prova espetacular da existência de Deus (enquanto consciência quântica) e da sua criatividade". Graças ao paradigma quântico, podemos dispensar o dualismo. Os esboços (os campos morfogénicos), os genes programáveis e a forma que estes criam, existem somente enquanto potencialidades. Deus, ou a consciência quântica, cria uma ligação, como no caso da ressonância, e a realidade entra em colapso, ou seja, aparece, ou ainda, manifesta-se.

Entre muitas outras provas que poderíamos citar para demonstrar aos céticos a existência da consciência divina, podemos citar o amor. Mesmo o amor comum e até o amor romântico. O amor possui todas as três condições e qualidades dos comportamentos quânticos: descontinuidades e saltos quânticos; não-localização e a hierarquia entrelaçada – o observador, a coisa observada e o processo de observação. Graças a estas "assinaturas cósmicas" é que nos apaixonamos, e quase ninguém tem dúvidas quanto ao fato de se sentir apaixonado. Assim sendo, todos nós, bem no fundo da nossa essência, nos comportamos sob a influência e com estes registos divinos. Deus é o criativo divino que coordena e orienta a evolução através dos saltos quânticos.

Física quântica e teosofia

O que faremos nós com estes conhecimentos? Como poderemos transformá-los em sabedoria?

Já dizia o senhor Jinarajadasa que até uma criança de sete ou oito anos pode compreender a teosofia. Um adolescente também, claro. A questão é, como reverteremos todos estes conhecimentos para mudarmos a nossa vida? Quando poderemos começar a evoluir em pequenas coisas para darmos esse tal salto quântico, que na teosofia poderíamos chamar "iluminação"?

Quando olharemos as outras pessoas, para além das partículas, dos saltos quânticos, das hierarquias enredadas, como seres humanos, irmãos cósmicos e de caminhada, mesmo que estejamos em estados evolutivos diferentes? Quando iremos nós dar esse salto que nos proporcione sermos e assumirmos a nossa inteira realidade de almas em corpos humanos? Quando será possível que a humanidade ponha de lado o paradigma do "ter", adotando o novo paradigma do "ser"? Quando será possível que a humanidade ponha de lado a ilusão de se sentir separada de tudo e de todos e consiga, finalmente, sentir e perceber que é por causa desta ilusão que se originam todas as outras?

A manutenção deste paradigma não será também responsável pela falta de amor com que lidamos uns com os outros? Como se poderá reintroduzir a ética e o amor nas nossas sociedades? Como ensinar às nossas crianças os valores morais, quando a ciência oficial e materialista afirma que os valores não derivam do mundo? Como acabar com as diferenças entre ricos e pobres, para que estes possam utilizar as suas mentes para processarem significados, em vez de as utilizarem apenas para a sobrevivência? Não terá também a ver com o fato de estarem assentes neste velho paradigma, a constante degradação ambiental, quer a poluição mental, a das águas, do ar e todas as outras? O mesmo não acontece com o aquecimento global e outras catástrofes ecológicas? Porque é que existem tantos políticos e dirigentes públicos corruptos? Como poderemos proteger a democracia da influência financeira dos interesses do "ter"? E como iremos proceder para evitarmos aprofundar os fundamentalismos, também estes assentes no "ter" — ter razão, saber melhor interpretar os textos sagrados, duma forma literal etc?

Aqui chegados, regressemos a Jinarajadasa. Este afirmava que a mente sozinha chegava para a compreensão da teosofia. Mas para a viver são necessárias a própria mente, as emoções e a intuição. Para vivermos de fato a teosofia, precisamos de ir ao âmago da nossa natureza interna e das verdades que a mente aceita como lógicas. Segundo Jinarajadasa, essa natureza interna só se revela à medida que tenhamos emoções purificadas e aprendamos a exercitar a intuição. Se a teosofia fosse apenas uma teoria intelectual criada por cérebros esclarecidos, então as nossas mentes seriam suficientes. A teosofia pode ser comparada ao sentido oculto que há num poema sublime e que se revela nas vibrações que provoca em quem o ouve, lê ou escreve. Afirma Jinarajadasa que, só quando conseguimos, dentro de nós, sentir esse apelo que a teosofia faz no interior de cada um, será possível começarmos a mudar a nossa vontade, o nosso caracter e começarmos a agir em conformidade com esse apelo.

Se a nossa compreensão da teosofia se limitar ao intelecto,

então a teosofia fica entre nós como uma crença intelectual. E se somos apenas seres emotivos? Então a teosofia permanecerá em nós como uma espécie de religião. Só quando a teosofia se manifestar dentro de nós como um ponto de apoio, como um espelho que nos permita ouvir e sentir os apelos e rasgos da alma, criaremos de novo a teosofia viva, e vivificadora.

Termino com mais uma citação de Jinarajadasa:

> ... para viver a teosofia, devemos transformar-nos em cientistas, em filósofos, em crentes, em artistas, filantropos, líderes, amantes, e tudo isso em simultâneo. Nenhum de nós é tudo isso ao mesmo tempo. Daí que, necessariamente, fracassemos na arte de viver a teosofia na sua plenitude. É assim que hoje em dia podemos viver a teosofia, embora somente em parte. Chegará o momento em que tal seja possível devido ao nosso estado evolutivo.

O poder vivo da teosofia[10]

B. P. WADIA[11]
Traduzido por Fábio Johas

Uma das dificuldades com que lidam os estudantes de teosofia é a visão prática e, por outro lado, unilateral ou distorcida que eles têm da religião-sabedoria. Para alguns, a teosofia apresenta-se como um credo ultrapassado; para outros, ela fornece um campo melhor para especulações filosóficas; para uns terceiros, é um estudo interessante de uma nova ciência que instrui onde o conhecimento moderno é falho; há ainda aqueles para os quais ela proporciona, por meio de muitas e variadas associações que existem em seu nome e por sua causa – amplos caminhos para alguma expressão altruísta. Apenas poucos parecem reconhecer o caráter sintético da teosofia, a saber, que ela é a religião do espírito, livre e imortal; é a filosofia do coração, a ser praticada universalmente por nós o tempo todo; é a ciência da vida, que nos instrui em métodos autoconcebidos de energias inesgotáveis que se movem na direção da autoconsciência universal; aquela que é a instrutora do altruísmo superior que clama por autocorreção e crescimento interior, por parte de cada ser, e resulta no crescimento de todos.

É curioso que a ciência do Eu (o eu superior – NT) seja aplicada frequentemente nas outras coisas todas, exceto no

[10] Este artigo, denominado originalmente "The Living Power of Theosophy" (O Poder Vivo da Teosofia), faz parte do livro *Living The Life*, editado pela Theosophy Company, em Mumbai, Índia, em 1962.
[11] Bahman (ou Bomanji) Pestonji Wadia (1881-1958) foi um dos fundadores da United Lodge of Theosophists (Loja Unida de Teosofistas).

Eu, e que o funcionamento de suas leis seja visto em todos os outros seres, menos em nosso próprio ser. Todo mundo vive em virtude de algum poder dentro de si mesmo, cuja influência é tão eclipsada e até mesmo obliterada que continua a ser irreconhecível. Isso ocorre porque, na esfera das ações, a vontade de outras pessoas orienta nossos órgãos de ação. Da mesma forma, no plano dos sentimentos, nosso coração está energizado pelas emoções de outras pessoas; nosso pensamento também é formado por aproximação, na medida em que nossas cabeças estão, muitas vezes, repletas apenas com os pensamentos de outras pessoas.

O estudante deve entender plenamente dois princípios fundamentais: que a teosofia é uma grande síntese de religião, filosofia e ciência; e que, como uma síntese, preocupa-se primariamente, em atingir e afetar as forças causais do Eu, produzindo, assim, miríades de formas. Então a sua tarefa torna-se menos difícil.

Tal reconhecimento levá-lo-á inevitavelmente a estudar cada verdade teosófica a partir de três pontos de vista: espírito, mente e matéria; e aplicar cada verdade em três esferas distintas: coração, cabeça e mãos. Tais estudo e prática logo o convencerão de que a síntese está enraizada dentro de seu próprio ser espiritual e procede dele, mas afeta pelas suas ações os feitos dos outros; pelas suas preferências e aversões, os prazeres e as dores dos outros; pelos seus pensamentos, as mentes dos outros; e, por sua vez, ele é também afetado pelos outros. Se a teosofia em estudo revela-se como uma síntese de religião, filosofia e ciência, ao aplicar os seus princípios e doutrinas, logo começamos a sentir que existe um fator adicional, o quarto fator, como uma espécie de sobrealma, que é o altruísmo superior.

O altruísmo é o Absoluto, cujos três aspectos são a religião a ser vivida, em termos da filosofia a ser aprendida e da ciência a ser praticada. Praticar, aprender, viver, para e como o Todo é manifestar o poder vivo da teosofia.

Este poder vivo da teosofia está latente, enterrado bem no fundo do coração de cada homem. Portanto, todos os que não são teósofos são teósofos embrionários. Deve estar claro para um estudante inteligente que sua tarefa, por mais difícil que seja, não é complexa. A teosofia defende a vida simples, apontando insistentemente uma centena de maneiras pelas quais o poder que nos dá vida é de caráter simples, tanto na sua origem como em seu funcionamento. Os homens se afastaram desta simplicidade e assumiram um milhão de complexidades ao procurar o conhecimento fora do Eu, buscando uma divindade em outras coisas que não o Eu. Desta forma, começando no plano inclinado do retrocesso, vemos separação onde existe solidariedade, separação entre ciência e religião, entre ação e inação, entre secular e sagrado. Ao invés da "imanência de Deus e a solidariedade dos homens", é proclamado Deus no céu, e os homens filhos do pó e dos vermes na Terra. A correção desse erro que a teosofia propõe tem que ser entendida pelo estudante e aplicada em si mesmo, em sua própria vida. A não ser que isso seja feito, a teosofia permanecerá uma religião, uma filosofia, uma ciência, um modo de caridade, um método de filantropia em contrapartida a outras religiões, filosofias, ciências, modos e métodos de esforços altruístas.

H. P. Blavatsky registrou em mais de um lugar a sua queixa de que a solidariedade nas fileiras de teósofos não existia, apesar do fato de eles serem capazes de pregar verdades religiosas e de colocar diante do mundo científico informações maravilhosas de uma forma instrutiva. A religião do espírito universal falha ao inspirar a maioria de nós quando nossos sentimentos são feridos por um colega teósofo ou em nos dar coragem para apoiá-lo quando ele é injustamente atacado. Nossa filosofia do Eu uno e indivisível evapora-se em impraticabilidade quando devemos dizer que o leproso moral, o prostituto intelectual e o fisicamente bêbado são nossos irmãos. Isso continuará enquanto a síntese da teosofia não for aplicada por nós para purificar nossa natureza inferior e criar uma maior percepção de altruísmo.

O poder vivo da teosofia deve se tornar o poder pelo qual vivemos. Como temos um mecanismo material e uma mente estimulante, e como estamos nos espiritualizando, devemos viver como seres espirituais nossa religião da imortalidade jubilosa, que dá alma e ilumina a mente. Auxiliados pela filosofia teosófica, devemos deixar essa mente energizar nosso corpo de carne, a fim de que este não seja mais um palácio de prazeres, mas um templo do Deus vivo, o governante que reina no seu interior.

A teosofia e o dharma no mundo de hoje[12]

MANUEL CAVACO NUNES[13]

O Sentido da Vida

O dharma é a natureza interna caracterizada em cada homem pelo grau de desenvolvimento adquirido e, além disso, a lei que determina o desenvolvimento no período evolutivo que vem a seguir (a meta a ser atingida).

Annie Besant

A palavra dharma, escrita em sânscrito, aparece no lema da Sociedade Teosófica, sendo verdade que a teosofia está intimamente relacionada com ela, a qual tem sido traduzida como: dever, lei, retidão e religião, mas que é tudo isso, pois é a lei da vida, conforme iremos verificar nas várias descrições e estudos comparativos que realizámos, nomeadamente no hinduísmo, no budismo, no cristianismo e na teosofia, apresentados em forma bastante sintetizada. Podemos, no entanto, afirmar que este código de ética parece transcender o tempo e a história, pois é perene, pertencendo, tanto ao passado, como ao presente e ao futuro, estando sempre interligado ao futuro evolutivo da nossa humanidade.

Quando as nações surgiram, uma a uma, sobre a terra, cada uma recebeu de Deus uma palavra especial, destinada a dirigir-se ao mundo. Palavra singular que vem do Eterno e

[12] Fonte: *Osíris – Revista Portuguesa de Teosofia*, n° 28, de janeiro-abril 2016. Artigo cedido gentilmente à Editora do Conhecimento.
[13] Membro da Sociedade Teosófica de Portugal.

que cada nação deve pronunciar. Para o Egito foi religião, para a Pérsia foi pureza, para a Caldeia foi ciência, para a Grécia foi beleza, para Roma foi lei, e para a índia, o mais velho dos seus filhos, assim como para todo o mundo, Ele concedeu uma palavra, que tudo resumia, dharma.

Hinduísmo – Sobre o caminho da retidão

O hinduísmo descreve dharma como lei universal natural, cuja observância permite que os humanos possam ser seres contentes e felizes. Dharma é a lei moral combinada com a disciplina espiritual que guia a vida. Os hindus consideram dharma o próprio fundamento da vida, o que significa "aquilo que mantém" as pessoas e toda a criação.

Dharma refere-se à ética religiosa, proposta por gurus hindus em antigas escrituras indianas, descrevendo a raiz da palavra dharma como compaixão. Este princípio foi retomado por Buda no seu livro imortal de grande sabedoria, Dhammapada, "Este mundo é confirmado pelo dharma".

No poema épico Bhagavad Gita, a Mensagem do Mestre, narra-se a instrução de Sri Krishna ao seu discípulo Arjuna, o qual lhe explica a verdadeira natureza humana. Este é o combate entre o "bem" e o "mal" que se trava no interior da natureza humana. Os *pândavas*, as forças superiores, representam o dharma; os *kurus*, as forças inferiores, representam o karma. Shri Krishna define e explica de uma forma admirável o simbolismo do dever fundado em leis. "Mais vale cumprir o seu próprio dever, ainda que seja humilde, do que o dever alheio por mais nobre e excelente que seja". "Preferível é morrer no cumprimento do seu dever... porque o alheio está cheio de perigos". Dar a importância do autoconhecimento.

Aquilo que impede o ser humano de alcançar o divino é: a ilusão, a fascinação e o guardião do umbral. Ávida num caminho luminoso tem quatro aspetos: austeridade, pureza, compaixão e verdade. A essência desta filosofia reside em possuir um correto caráter, poder e força espiritual. Esta prática dá uma experiência de paz, alegria, força e tranqüilidade e torna a vida disciplinada.

Budismo – O caminho de oito Passos (Ensinados pelo Senhor Buda)

A felicidade é um estado de espírito, de modo que a verdadeira fonte da felicidade deve estar dentro da mente, e não nas condições externas.

No budismo, dharma significa "proteção". Ao praticar os ensinamentos de Buda protegemo-nos do sofrimento e dos problemas. Todos os problemas que enfrentamos durante a vida diária originam-se na ignorância, e o método para eliminar a ignorância é a prática do dharma.

No passado, as pessoas viviam em países pobres e subdesenvolvidos, mas eram capazes de encontrar felicidade pura e duradoura, praticando os ensinamentos de Buda. Se primeiro estabelecermos a paz dentro das nossas mentes, treinando os caminhos espirituais, a paz exterior virá naturalmente; mas se não o fizermos, a paz mundial nunca será alcançada. Existem três qualidades do dharma, três campos de ação que cultivam e reforçam o caráter: generosidade, abstenção moral e meditação.

Tudo é impermanência, movimento e vibração. A consciência é o objeto de todos os diferentes fatores mentais, o corpo de todos os fenômenos que compartilham o fluxo desta impermanência. Quando a mente está clara, experimenta essa mudança incessante e, a cada instante, estamos a nascer e a morrer. Devemos cultivar o desapego, não nos ligarmos a nenhum estado mental ou corporal, a nenhuma situação externa, pois tudo está mudando a todo o momento. Todos os elementos da matéria, todos os elementos da mente, surgem e desaparecem. A intuição é cultivada através da prática da atenção, da concentração e da meditação.

O Senhor Buda ensinou as quatro nobres verdades e o caminho de oito passos que denominou "a nobre octupla senda", que conduz à libertação. Estes oito passos são: o caminho que conduz à cessação da tristeza; o reto pensamento; a reta palavra; a reta ação; o reto meio de subsistência; o reto esforço; a reta memória ou a reta recordação; a reta meditação ou a reta concentração. O caminho do meio é a essência da doutrina budista, nele se baseia o modo de vida, as atitudes morais e as práticas religiosas do budismo.

Cristianismo — As bem-aventuranças

Meditamos qual seria no cristianismo, na sua expressão mais elevada, aquilo que correspondesse ao seu dharma. As oito bem-aventuranças são, na verdade, uma declaração de princípios pronunciadas pelo Mestre Jesus no início do Sermão da Montanha, relativas tanto à condição presente, como futura do homem.

O sermão começa com as oito bem-aventuranças, que são a síntese dos passos da iniciação cristã, sendo o processo da evolução do espírito na sua jornada terrena. Aqui estão descritos, de um modo impressionante e com uma clareza cristalina, os passos que o homem deve seguir para chegar ao reino dos céus. Consiste num passo iniciático, que segue uma ordem ascendente. Os passos indicam a condição terrena e material, que leva o Espírito encarnado até à sua libertação da cadeia evolutiva deste ciclo. Inicia-se, pois, com o homem terreno, puramente materialista, que vive exclusivamente para a matéria até à sua libertação total.

Teosofia – O sentido da vida

O homem é um ser espiritual, essencialmente uno com a realidade, que pode desenvolver as suas potencialidades através da sua vontade, a qual pode, no entanto, estar condicionada de acordo com a sua evolução. Neste drama do universo onde vive, aprende a fazer o que é justo de acordo com as leis divinas, porque isso promove o bem de todos, inclusive o seu. O indivíduo, ao contemplar a própria natureza do Universo como uma expressão de Deus, deduz que a meta suprema da evolução e o despertar de sua natureza espiritual dependem da forma como ele vive e atua em perfeita harmonia com a vontade divina. A retidão é a base indispensável da vida espiritual (boa conduta). A medida que a sua mente vai se libertando da carga das inclinações do passado, o que aumenta a sua felicidade, permite que a luz e a intuição se infiltrem gradualmente na sua mente, e o amor no seu coração. Como fruto deste despertar do discernimento, começa a perceber-se a natureza ilusória da vida nos planos inferiores, a futilidade em continuar aliado a interesses mundanos, de poder ou prazer temporais.

A compreensão da realidade conduz o indivíduo a um

sublime ideal que lhe permite alcançar uma consciência espiritual, estado onde a lei da graça funciona e, através dessa energia divina, o karma começa a ser equilibrado, encontrando finalmente a verdade do ser. Assim, a chave do caminho espiritual é a transmutação do karma em dharma, desenvolvendo a capacidade de fazer do passado o prelúdio de um nobre destino. Assim, cumprindo o seu dever específico, aquele que melhor serve o seu estado evolutivo expande a sua consciência e atinge a libertação.

Uma vida justa não é a vida religiosa comum, que consiste em professar a fé em certos dogmas, mas sim a adoção de uma atitude completamente impessoal em perfeita harmonia com a lei e com a natureza.

O homem deve auxiliar aqueles que o rodeiam, criando um centro de harmonia através do qual possam fluir energias dos planos subtis para o mundo, e assim ajudar a humanidade. Todo o indivíduo que consegue criar este canal converte-se não só num agente da vida divina, mas também num guia daqueles que aspiram desenvolver a sua natureza espiritual.

Pode acontecer que, apesar de todos os nossos esforços, não consigamos agir sempre corretamente, mas se houver uma motivação e a vontade necessária, gradualmente a presença de *buddhi* (intuição) nos capacitará para proceder corretamente. O amor que se estabelece firmar-nos-á numa vida correta, que flui naturalmente do centro da nossa consciência espiritual, no cumprimento da grande lei que sustenta o Universo.

Mas, não devemos confundir esta luz da intuição com aquilo que nos pede a mente embotada pelos desejos e preconceitos religiosos, quando é tomada equivocadamente como a voz de Deus.

A teosofia é também entendida como sabedoria ou sageza da vida, como gnose, daí o dharma ser conhecido como a lei da vida.

Torna-se para nós ainda um pouco difícil falar de teosofia sem referir H.P.B., pode ser ainda um sinal de apego, mas também pode ser indício de uma grande gratidão. Naquele tempo, século XIX, esta discípula revolucionou o pensamento daquelas mentes ortodoxas e foi ela que, em 1875, pela primeira vez, introduziu os mestres e os deu a conhecer ao mundo.

A missão da Sociedade Teosófica é difundir a teosofia no mundo, estimulando a civilização atual dentro da compreensão da unidade da vida, da fraternidade e da prática do altruísmo.

Citamos o nosso Irmão Dr. Humberto Costa: "Não viver para si próprio, mas viver para a humanidade, autopreparar-se, desenvolver em si as qualidades da nova raça, servir os mestres de sabedoria que servem o plano evolutivo, iluminar as mentes dos homens, difundindo o conhecimento das leis que governam o Universo e fomentar a fraternidade universal é o dharma dos teósofos". No entender dos mestres e H.P.B., a S.T. foi instituída para mudar os paradigmas culturais, religiosos e científicos destinados à geração do novo homem da 6.ª raça, o homem da razão e da intuição.

O processo de globalização da economia, da alta finança e também das tecnologias, da informática e das nações, tem sido um fator tendente a acentuar, cada vez mais, as desigualdades sociais e não tem sido acompanhado da ética da solidariedade mundial. H.P.B. referiu que a ética é a alma da teosofia. Ela enfatizava que a teosofia é a quinta-essência do dever. Definiu o dever como aquilo que é devido à humanidade, aos nossos semelhantes, vizinhos, família e sobretudo aquilo que devemos aos que são mais pobres. Em ocultismo, dizia, o primeiro dever é executar o nosso dever em detrimento de outro. Cogitamos que, a Ordem Teosófica de Serviço, criada por Annie Besant, se destina também a servir esta finalidade.

A Sociedade Teosófica foi um movimento lançado no mundo por alguns membros da Fraternidade Branca, principalmente pelo mestre Morya, o mestre Koot-Hoomi e também com a colaboração do Mestre Tibetano, que ditou grande parte da Doutrina Secreta a H.P.B. De acordo com I. K. Taimni, existe um propósito na S.T, resumido a três funções. Estas podem ser assim apresentadas:

1. dar à humanidade certas verdades mais profundas da vida, que são necessárias para o próximo passo na evolução humana;

2. induzir certos princípios universais nas mentes das pessoas em geral, tais como o da fraternidade, de modo que se possa tonar viável o advento de uma ordem mundial;

3. prover discípulos no mundo que compreendam o plano divino, para cooperarem com os nossos mestres no trabalho que

eles estão executando para o melhoramento da humanidade.

Provavelmente chegou o tempo de dar à humanidade uma oportunidade de cooperar diretamente com os seus irmãos mais velhos que têm, por eras, guiado a humanidade, educando-a e trazendo-a ao presente estágio da evolução. Mas esta cooperação pode tornar-se uma realidade bem definida e uma força na direção do progresso, somente quando as verdades da teosofia permearem o pensamento mundial e realizarem as mudanças fundamentais, necessárias à vida e de acordo com o homem médio. Ainda dentro do pensamento de I. K. Taimni, a sabedoria divina ou teosofia é um estado de consciência que abarca, ao mesmo tempo, a perceção da verdade e do amor impessoal ou altruísmo, bem como a realização da felicidade transcendente ou *ananda*.

Agora, no mundo onde vivemos, a Sociedade Teosófica representa o início dum pequeno núcleo de fraternidade na humanidade, o qual está a tentar assimilar estas verdades, preparando-se para este trabalho de cooperação. Assim, se uma maior influência deste núcleo trouxer condições mais favoráveis ao mundo para a aceitação da ciência espiritual, podemos esperar melhores condições para uma intervenção mais direta dos nossos mestres nos assuntos mundiais.

A ligação da Sociedade Teosófica aos verdadeiros guias da humanidade confere uma dignidade especial ao nosso trabalho, tangenciando quase o sagrado e dá à maioria dos seus membros uma inspiração e um entusiasmo que são necessários para o cumprimento dos seus objetivos.

Isto habilita-nos a permanecer firmes, leais, serenos, úteis e ativos nas crises que por vezes ocorrem dentro da Sociedade Teosófica. Todos podemos também ter as nossas crises, mas com fé e com entusiasmo elas passam e tornam-nos mais fortes. Esta atitude transcende quaisquer diferenças que possam surgir em relação aos métodos de trabalho e, portanto, aconteça o que acontecer, não desertamos do serviço da grande causa que a Sociedade Teosófica representa no mundo.

Cada membro pode planear cuidadosamente o seu próprio trabalho e executá-lo da melhor maneira que lhe seja possível, sabendo que, quaisquer que sejam as suas limitações, de algum modo será usado no trabalho muito maior que os irmãos mais velhos estão executando, incessantemente, para a elevação da humanidade.

Tentámos abordar no texto, embora de uma forma bastante diluída, as quatro qualidades enunciadas por Krishnamurti necessárias para entrar no caminho: discernimento, desprendimento, boa conduta e amor.

Os três objetivos da Sociedade Teosófica: o princípio da fraternidade universal, a analogia das ciências, filosofias e religiões e o estudo das leis que regem o Universo e a vida, devidamente meditados e materializados sintetizam toda a vivência da teosofia no mundo de hoje e podem determinar o dever da humanidade. Esta é uma grande missão a cumprir e a força necessária deverá ser cimentada com o amor do coração, a intuição da alma e a sabedoria e a vontade do Espírito. E tudo será luz. Vale a pena tentar.

Bibliografia:

- *A Doutrina Secreta*, H. P. Blavatsky
- *As Sete Leis Fundamentais*, Humberto Costa
- *Aos Pés do Mestre*, J. Krishnamurti
- *O Plano Divino e a Sociedade Teosófica*, I. K.Taimni
- *Dharma*, Annie Besant
- *Bhagavad Gita*, A Mensagem do Mestre
- *O Homem-Deus ou o sentido da Vida*, Humberto Costa
- *Dharma, Ética e Moral. Conceito de Bem e Mal. O Caminho da Vida*, Manuel Cavaco Nunes

Uma Introdução a Pistis Sophia[14]

RAUL BRANCO[15]

Por mais de dois séculos **Pistis Sophia** (PS) frustrou as tentativas de pesquisadores e estudantes da tradição esotérica de entender a importante mensagem que se acreditava oculta neste texto. Afinal, o livro pretende conter instruções esotéricas ministradas por Jesus a seus discípulos, após seu retorno dos mortos. Alguns estudiosos, como Jean Dorese,[16] não conseguiram esconder sua frustração ante a linguagem impenetrável de seu simbolismo. Outros[17] sugeriram somente descrições genéricas do texto, sem se aventurar em análises ou comentários hermenêuticos.

Mas as tentativas de interpretação do texto prosseguiram. Jan van Rijckenborgh, um líder da Rosacruz Áurea muito influente da Holanda, morreu em 1968 sem completar sua obra com o título de *Lês Mysteres Gnostiques de la Pistis Sophia*, em que são apresentadas muitas percepções interessantes sobre o texto. O rabino israelense Jodachay Bilbakh apresentou a seus estudantes um texto chamado *O Evangelho de Pistis Sophia,* que foi traduzido do hebraico e circulado entre os membros da Fraternidade Jessênia no Brasil, em 2001, com comentários baseados principalmente na cabala.

[14] Este artigo é uma adaptação de um artigo anterior escrito em inglês pelo autor, em 1998.

[15] Membro da Sociedade Teosófica no Brasil.

[16] Dorese, Jean. *The Secret Books of the Egyptian Gnostics* (NY: The Viking Press, 1960), p. 64.

[17] Isto aconteceu até mesmo com alguns dos mais respeitados eruditos da tradição cristã, como Kurt Rudolph, *Gnosis: The Nature & History of Gnosticism* (Harper San Francisco, 1987), and W. Schneemelcher, *New Testament Apocrypha* (Westminster/John Knox Press, 1991)

Dois autores no século XX são mencionados pelos estudiosos de Pistis Sophia pela excentricidade de suas obras. O primeiro é o americano J.J. Hurtak e sua esposa, Desiré Hurtak. Apesar da extensão de seu livro (mais de 900 páginas), pouco conteúdo esotérico é encontrado na sua tentativa de interpretar Pistis Sophia. A razão para isso é o fator elementar desses autores desconhecerem a premissa básica da linguagem sagrada, de que os personagens externos dos mitos e dos relatos sagrados são, na verdade, aspectos interiores de cada ser humano.

O segundo é o colombiano Victor Manoel Gomes Rodrigues, mais conhecido como Samael Aun Weor, adepto do tantra, que ele chama de magia sexual. A leitura de sua tentativa de interpretar Pistis Sophia é cansativa e monótona pela insistência em interpretar os ensinamentos de Jesus e o mito de Sophia como aspectos da suposta magia sexual. Sua obra não traz nenhuma contribuição para o entendimento esotérico de Pistis Sophia. Ao contrário, deixa uma insinuação errônea de que o caminho ocultista será muito acelerado pela prática da "magia sexual", sem mencionar os inúmeros perigos desse caminho para aqueles que não purificaram inteiramente seus veículos inferiores. Os nossos irmãos budistas, que estão entre os mais sérios praticantes do "caminho acelerado", só abrem o acesso aos segredos do tantra aos poucos praticantes avançados que aprendem a disciplinar e purificar a mente depois de muitos anos de prática do dharma.

Um trabalho bem mais modesto foi preparado pelo presente autor, em seu livro *PISTIS SOPHIA, Os Mistérios de Jesus*, publicado em 1997, com sugestões de interpretação do texto e um resumo de sua cosmologia, utilizando como sua fundamentação anotações pouco conhecidas, mas muito inspiradoras de Blavatsky.[18]

O manuscrito

O documento, originalmente escrito em grego e tido como perdido, foi guardado pela Providência Divina numa tradução para o copto, o dialeto sahidico do sul do Egito. A versão copta

[18] Blavatsky, H.P. "H.P.B.'s Commentary on the Pistis Sophia", in *Collected Writings*, vol. 13, p. 1-81.

foi provavelmente escrita entre os séculos III e IV de nossa era. O códice foi levado para a Inglaterra, cerca de 1772, adquirido por um médico colecionador de manuscritos antigos, o dr. Askew, e mais tarde vendido ao Museu Britânico.

O texto completo foi traduzido para o latim em meados do século XIX, por M.G. Schwartze[19], mas só a partir do final do século XIX foi traduzido para línguas européias modernas (francês, alemão e inglês). As melhores versões para o inglês foram produzidas por G.R.S. Mead[20] e Violet MacDermot[21].

O texto é dividido em três cenários principais. No primeiro, Jesus está com seus discípulos, após sua ressurreição, no Monte das Oliveiras e, depois de algum tempo, em meio a trovões e relâmpagos, é elevado ao alto em meio de uma intensa luz ofuscante. É reiterado que sua gloriosa ascensão ao alto ocorreu na data da lua cheia de Thebet, isto é, na lua cheia de maio, conhecida como o período do ano mais favorável para contatos interiores e iniciações esotéricas, tais como o Festival de Wesak. Depois de trinta horas, Jesus retorna, envolto em três vestes de luz[22], com um brilho mais intenso do que quando ele havia ascendido. Em aparente confirmação da alta iniciação que lhe havia sido conferida[23], ele dirige-se aos discípulos, anunciando que, "A partir deste dia, vou falar-vos abertamente, desde o princípio da Verdade até o seu término (Plenitude); e vou falar, face a face, sem (usar) parábolas. A partir deste momento não vos esconderei nada do (mistério) do alto e do lugar da Verdade. Pois, autoridade me foi dada, por intermédio do Inefável e do Primeiro Mistério de todos os mistérios, para falar-vos, desde o princípio até a plenitude (Pleroma), tanto de dentro para fora como do exterior para o

[19] Schwartze, M.G. *Pistis Sophia: opus gnosticum Valentino adiudicatum e codice manuscripto coptico Londinensi descriptum.* (Berlin: J.H. Petermann, 1851).

[20] Mead, G.R.S. *Pistis Sophia: A Gnostic Miscellany* (London: J.M Watkins, 1921).

[21] MacDermot, Violet. *Pistis Sophia* (Leiden, The Netherlands: E.J. Brill, 1978).

[22] Estas três vestes de luz parecem ter uma correspondência com a tradição budista dos três veículos espirituais do Bhudda: *Dharmakaya, Sambhogakaya* e *Nirmanakaya* (veja H.P. Blavatsky, *A Voz do Silêncio*, Adyar, Índia: Editora Teosófica, 1953).

[23] O texto diz que todos os poderes dos céus permaneceram fixos durante o período de ascensão de Jesus até a nona hora do dia seguinte, quando ele voltou à Terra nas suas vestes de luz. Provavelmente é pretendido que a menção da nona hora revela que uma Iniciação importante estava em curso, como 9 é o símbolo da Iniciação que conduz ao 10, o número de Perfeição.

interior. Ouvi, portanto, para que vos possa dizer todas as coisas". (cap. 6).

Os dois outros cenários do texto são a narrativa da história de Pistis Sophia e instruções adicionais aos discípulos na forma usual de diálogos. Uma imensa riqueza de informações é oferecida, incluindo a interpretação esotérica de diversas parábolas e ditados públicos de Jesus, bem como a natureza dos mistérios.

Este artigo restringe-se à parte intermediária da obra, o mito de Sophia, que é a revelação mais profunda feitas diretamente por Jesus sobre a peregrinação da alma,[24] incluindo o processo de salvação ou, para usar a terminologia do texto, a libertação do caos.

O mito de Sophia

Após seu retorno do Alto, Jesus descreve aos discípulos as hierarquias dos vários planos pelos quais passou a caminho do Alto. Essa extensa enumeração de entidades espirituais é, inicialmente, bastante confusa, pois em nenhuma parte do texto existe qualquer explicação dessa terminologia nem do sistema cosmológico a que essas entidades pertencem. O entendimento da cosmologia da obra tem sido o principal óbice para a interpretação do texto pelos estudiosos.

Depois de diversos incidentes com as entidades dos planos inferiores, Jesus encontra Pistis Sophia abaixo do Décimo Terceiro Eon, seu lugar de origem. Ela estava sozinha sem seu par e seus irmãos, triste e chorosa devido aos tormentos que o Autocentrado[25] lhe havia infligido com a ajuda de suas emanações e dos doze eons.

Pistis Sophia estava inicialmente no Décimo Terceiro Eon com seus vinte e três irmãos e irmãs. Quando ela viu a luz do Alto no véu do Tesouro de Luz, começou a cantar louvores àquela luz. A partir daquele momento, o Terceiro Poder Tríplice, que é o Autocentrado, passou a odiá-la, no que foi seguido

[24] As outras histórias da peregrinação da alma são a parábola do Filho Pródigo e o hino da Pérola.

[25] Este agente, pivô da história, é chamado 'Ego-centrado' por Mead e Hurtak e 'Authades' por MacDermot, mas acreditamos que o termo certo para expressar o papel dele precisamente, como será visto é, na realidade, Autocentrado, o qual adotamos.

pelos doze eons que estão abaixo. O Autocentrado concebeu uma armadilha para ela, emanando de si mesmo um poder com a aparência de leão e uma hoste de outras emanações materiais violentas, enviando-as para as regiões abaixo. Pistis Sophia foi então levada a olhar para baixo, vendo a luz do poder com cara de leão. Sem saber que ele era uma emanação do Autocentrado, decidiu ir atrás dele, sem seu par, para se apoderar de sua luz, pensando que essa luz a possibilitaria ir à luz do Alto.

Tendo descido de seu lugar de origem, ela foi levada cada vez para mais baixo, para o caos, com as emanações do Autocentrado e dos doze eons perseguindo-a constantemente, atormentando-a e retirando a sua luz. Quando ela finalmente viu Jesus rodeado de luz, clamou à luz das luzes e proclamou uma série de *metanoias*.

As *metanoias* de Pistis Sophia são a chave para a sua salvação final; essa palavra grega, geralmente traduzida como arrependimento, tinha o significado mais amplo de além (*meta*) da mente (*noia*), ou seja, de um estado de consciência além da mente, que resultava numa "mudança da mente" ou "transformação interior". Nessas treze "transformações interiores", seguidas por onze canções de louvor à luz, ela conta a sua história e reitera sua fé na luz e o anseio de ser livre das aflições do caos e de voltar ao seu lugar de origem. Ela é libertada eventualmente do caos com ajuda de seu par, Jesus, agindo com a autoridade do Primeiro Mistério, com auxilio dos arcanjos Gabriel e Miguel.

O simbolismo

Em todas as tradições esotéricas, as mais importantes instruções internas são sempre transmitidas em linguagem simbólica, velando assim o sagrado aos olhos profanos, oferecendo com isso um método para desenvolver a intuição nos discípulos. Com raras exceções, os nomes usados em Pistis Sophia para caracterizar as diferentes entidades e planos não têm nenhuma conexão com a tradição judaica que a precedeu nem com a cristã que a sucedeu.

O simbolismo de Pistis Sophia é extremamente engenhoso em sua simplicidade. As entidades do mito representam os princípios do homem, revelando com isso o sistema psicológico subjacente aos ensinamentos de Jesus. Um nível adicional de simbolismo é introduzido no texto, através da gematria, ou seja, das correspondências numéricas das palavras (no original grego), com seus significados mais profundos.

Pistis Sophia representa a alma, ou mais especificamente, a parte da alma que encarna, a parte da mente concreta que é a unidade de consciência do homem. Seu nome é uma chave para seu papel: Pistis é a palavra grega para 'fé'. Não a fé cega, mas a fé que surge com a crescente convicção do conhecimento interior. Sophia é 'sabedoria' em grego. Assim, seu nome composto indica o princípio fundamental (fé na luz do Alto) que a capacita a realizar sua missão, ou seja, o desenvolvimento da sabedoria em ambos os mundos (material e espiritual).

Seu par é Jesus, um símbolo para a alma espiritual do homem que permanece nas regiões do Alto, quando Pistis Sophia desce ao caos, ou seja, ao mundo material. Essa informação é de suma importância, porque expressa a separação de consciência entre a natureza inferior e a superior do homem. Ainda que em sua essência última o homem seja uno com seu Eu divino, o nível usual da consciência do homem não pode alcançar os planos espirituais, portanto, no mito, Pistis Sophia e Jesus são devidamente apresentados como entidades separadas.

O papel de Jesus no mito é uma das partes que oferece maior dificuldade para ao leitor, em virtude de nosso condicionamento mental com relação à posição de Jesus na ortodoxia cristã. No texto temos o termo 'Jesus' um momento representando o Mestre instruindo seus discípulos e, no momento seguinte, representando um dos três aspectos da natureza superior do homem: a mente concreta não conspurcada (o par de Pistis Sophia), a mente abstrata (o Salvador) e o princípio Búdico ou intuição, também chamado de Cristo interior (o primeiro mistério voltado para fora).

O vilão da história é o *Autocentrado*, representando a personalidade, um nome bem apropriado para o nosso "eu" egoísta, presunçoso e fútil, sempre demandando ser o centro de atenção, em busca da gratificação dos sentidos, causando com esse comportamento grande aflição à alma. Os regentes ou *arcontes* são os principais aliados do Autocentrado e representam as emoções e as paixões do homem. O principal agente entre eles é o poder com cara de leão, representando o egoísmo, a força mais poderosa afastando o homem de Deus e levando-o ao caos. Estes poderes malévolos e trevosos não são 'demônios' exteriores, mas aspectos internos do homem. Eles permanecem ativos e engajados na tentativa de derrubar o homem até sua libertação final do caos.

Apesar de 'caos' ser uma região do submundo, no sistema de Pistis Sophia, o termo é também usado para transmitir a imagem de um estado psicológico, ou seja, o de desordem. Como Pistis Sophia é aquela parte da mente que age como unidade de consciência do homem no mundo, quando é dito que ela 'cai no caos', o que isso quer dizer é que ela torna-se vítima de desordens mentais que aparecem quando é tomada por emoções, desejos e paixões, tornando-se condicionada por nomes e formas, por valores culturais e morais, em suma, por toda uma gama de condições que representam uma virtual prisão para a alma encarnada no mundo. Assim, a descida de Pistis Sophia ao caos é uma descrição simbólica da entrada do homem no ciclo de encarnações, onde permanecerá até que sua missão seja cumprida.

A cosmologia

O sistema cosmológico de Pistis Sophia é apresentado no quadro a seguir. As principais entidades são mostradas em seus respectivos planos e regiões, juntamente com seus principais títulos.

Uma entidade pode ser ativa em seu próprio plano e nas regiões e planos abaixo deste. Assim, Pistis Sophia e o Autocentrado, cuja região de origem é o Décimo Terceiro Eon (esquerda do Plano Psíquico) permanecem ativos no Plano Hílico justamente abaixo (o Plano Astral). O mesmo pode ser dito de Jesus agindo como o Primeiro Mistério Voltado para Fora, que exerce suas atividades em todos os três planos abaixo de sua região de origem.

O sistema cosmológico de Pistis Sophia torna-se uma fonte de esclarecimentos quando a terminologia é despida de seu mistério. Dois estágios são claramente indicados, o não-manifestado e a manifestação.

Quando o Inefável decide manifestar-se no processo de auto-expressão para realizar Seus propósitos, Ele projeta de Si mesmo toda uma série de entidades que são dispostas ao longo de cinco planos em ordem crescente de densidade. Esses planos poderiam ser chamados, de acordo com a linguagem moderna: Divino (Os Mistérios do Inefável), Espiritual (Tesouro de Luz), Mente Concreta (Plano Psíquico), Astral (Hílico) e Físico (Material). A característica inovadora da cosmologia de Pistis Sophia é que cada plano é dividido em três regiões: direita, meio e esquerda. A direita é sinônimo de superior e a esquerda de inferior. As entidades da direita têm a função de estabelecer os ideais ou arquétipos daquele plano, as do meio a função de manutenção ou sustentação, garantindo condições apropriadas e, finalmente, as da esquerda que estão engajadas na implementação das atividades estabelecidas para cada plano. Seus papéis poderiam ser descritos como de pai, mãe e filho ou, também, de semente, solo e fruto.

A deidade suprema não-manifesta não é chamada de Deus, mas simplesmente de Inefável, Aquele ou Aquilo sobre o qual nada é conhecido e que está infinitamente além de qualquer caracterização pelo homem. Dentro do Inefável, como parte intrínseca de seu Ser, encontram-se os membros do Inefável, transmitindo a idéia implícita de unidade, como ocorre com os membros de um homem, que são partes do ser humano, porém dotados de funções específicas. Entre os últimos membros do Inefável encontram-se os sem-pais ou não gerados, que correspondem às mônadas, referidas na vedanta e na teosofia pelo termo sânscrito *Anupadaka*, que significa 'sem pais'.

A entidade mais elevada no Plano Divino é chamada de Mistério do Inefável, ou Logos. Ele é a fonte de tudo o que existe, visível e invisível, o criador do arquétipo de todo o plano da manifestação. Imediatamente abaixo dele encontra-se o Primeiro Mistério, em seu duplo aspecto: Voltado para Dentro e Voltado para Fora. O Primeiro Mistério é o mistério da unidade, e seu aspecto Voltado para Dentro é *Atma* ou o espírito, que abrange e interpenetra tudo o que existe. O Primeiro Mistério Voltado para Fora é o veículo de *Atma*, ou seja, *Buddhi*, também conhecido na tradição ocidental como o Cristo.

A COSMOLOGIA DO PISTIS SOPHIA

O INEFÁVEL (não manifestado)
O Interior dos Interiores (*ADI e ANUPADAKA*)
Os Membros ou Palavras do Inefável
A 12ª Hierarquia (última ordem dos 'Sem-pais', ou Mônadas)

OS MISTÉRIOS DO INEFÁVEL (PLANO DIVINO)
1° Espaço do Inefável, ou o Mistério do Inefável
(o Mundo do Um ou LOGOS)
2° Espaço do Inefável, ou
1° Espaço do Primeiro Mistério (*ATMA*)
Primeiro Mistério Voltado para Dentro
3° Espaço do Inefável, ou 2° Espaço do Primeiro Mistério (*BUDDHI*)
Primeiro Mistério Voltado para Fora
O Primeiro Preceito (o Revelador)
As Cinco Impressões
A Grande Luz das Luzes
Os Cincos Auxiliares

TESOURO DA LUZ, PLEROMA (MENTE SUPERIOR)
Região da Direita
Iaô, Supervisor da Luz, o Primeiro Homem
Melquisedec
O Grande Sabaoth, o Bom
Sete Améns ou Vozes
Cinco Árvores
Três Améns
Região do Meio
O Salvador Gêmeo (a Criança da Criança)
Região da Esquerda
Doze Salvadores com Doze Poderes

PLANO PSÍQUICO ou MISTURA (MENTE INFERIOR)
Região da direita

Sabaoth, o Bom
Cinco Regentes Planetários
(Saturno, Marte, Mercúrio, Vênus, Júpiter) com 360 Poderes
Região do meio
Pequeno Iaô, o Bom
Virgem de Luz
Região da esquerda, região da retidão, região do 13° Eon
O grande antepassado invisível e seu par, Barbelo
Os dois grandes poderes tríplices
24 Invisíveis (inclusive Pistis Sophia e seu par)
O terceiro grande poder tríplice, O Autocentrado

PLANO HÍLICO (PLANO ASTRAL)
Os doze Eons
Os primeiros seis filhos ou emanações do Autocentrado
Sabaoth-Adamas, também chamado o Grande Tirano,
o poder com cara de leão, Ialdabaoth
O segundo grupo de seis filhos, os Regentes dos Eons Inferiores,
Providência
A Esfera

PLANO MATERIAL (PLANO FÍSICO)
Firmamento (Etérico)
Mundo dos Homens (Cosmo)
Submundo: Orcus ou Amente, Caos e Escuridão Exterior

O plano abaixo é o Plano Espiritual, Pleroma ou Tesouro de Luz, que corresponde ao plano da mente superior ou abstrata. Ele corresponde ao conceito ortodoxo de Céu, onde as almas encontram sua bem-aventurança, uma vez libertadas do caos. A entidade mais elevada deste plano é IEU, também referido pelos títulos de Supervisor da Luz e Primeiro Homem. Essa última expressão revela seu papel como Adão Kadmon, ou o Manu da Raça Humana,[26] que se encarnou para estabelecer o arquétipo da primeira raça humana.

Também na região da direita do plano espiritual encontra-se Melquisedec, o Manu da Quinta Raça (a atual), o grande recebedor da Luz. Vale mencionar que a Igreja Primitiva reverenciava a figura de Melquisedec como indicado na epístola

[26] *Manu* é uma palavra Sânscrita. Ela representa o criador primordial de cada

aos Hebreus, onde é dito que Jesus foi 'feito sumo sacerdote para a eternidade, segundo a ordem de Melquisedec' (Hb 6:20). A caracterização dessa entidade na epístola é muito semelhante a que se encontra em Pistis Sophia: 'Este Melquisedec é, de fato, rei de Salém, sacerdote de Deus Altíssimo. Seu nome significa, em primeiro lugar, rei de Justiça, e, depois, rei de Salém, o que quer dizer rei da Paz. Sem pai, sem mãe, sem genealogia, nem princípio de dias nem fim de vida!' (Hb 7:1-3).

Outra característica interessante da cosmologia de Pistis Sophia é que cada plano é um reflexo dos planos que estão acima. Assim, as entidades da direita de cada plano agem como delegados do Logos, desabrochando o modelo fundamental, ou arquétipo, para seu próprio plano. O processo de manifestação segue este modelo, da ideação para a criação em cada plano subseqüente.

Interpretação do mito

O mito é uma representação altamente esotérica da jornada da alma à terra distante, o mundo material, e de seu retorno à Casa do Pai. Mas é muito mais. A jornada revela o processo envolvido na Iniciação suprema que transforma o homem num mestre de sabedoria.

No texto, após o retorno de Jesus do Alto "brilhando intensamente", os discípulos lhe pedem para "recolher sua glória de luz" e então perguntam: "Rabi, para onde foste, qual foi o ministério para o qual partiste?" E Jesus responde: "Regozijai-vos e alegrai-vos a partir deste momento, pois fui para os lugares de onde havia vindo."

Jesus então relata toda sua jornada, de região em região, a começar do momento quando ele viu Maria, sua mãe "de acordo com o corpo material" e indo então pelo Firmamento, a Esfera, a Providência e os Doze Eons. Ele narra que todos os arcontes e os poderes estavam agitados e com medo por causa de sua considerável luz. E ele continuou colocando ordem em suas regiões até chegar ao Décimo Terceiro Eon.

Nesse ponto, ele encontra Pistis Sophia abaixo de seu lu-

---

grande Raça-Raiz. Na vedanta corresponde ao grande legislador, um ser auto-existente, ou uma emanação do Logos e o antepassado da humanidade.

gar de origem sozinha, sem seus irmãos. E ele continua descrevendo como Pistis Sophia conseguiu sair do caos com sua ajuda. A narrativa é, naturalmente, atemporal. Presente, passado e futuro se desdobram como o eterno agora em que Jesus relata sua própria história ao longo de inúmeras encarnações.

Enquanto esta história se parece com o desenrolar de um mito, Jesus parece estar realmente contando um aspecto de sua experiência na grande iniciação, que provavelmente ocorreu durante as trinta horas que ele permaneceu na altura. Sua lembrança dos incidentes em seu caminho tem um paralelo surpreendente com a revisão que ocorre no processo da morte de cada ser humano. Aprendemos que o processo de revisão rápida, mas profundo, no final de cada encarnação, nos ensina as implicações de nossas ações neste mundo. Se lembrarmos que a Lei da Correspondência nos diz que "O que está acima é semelhante ao que está abaixo e o que está abaixo é semelhante ao que está acima", podemos inferir que o mito de Pistis Sophia parece uma monumental revisão das ações da alma ao longo de sua extensa jornada neste mundo. Este processo de revisão é realmente mencionado nas Cartas dos Mahatmas (vol. II, p. 140): "A lembrança completa de nossas vidas (vidas coletivas) voltará no final de todas as sete rondas", mas parece também ocorrer quando o processo evolutivo é acelerado como no caso de adeptos que alcançam a quinta iniciação antes da raça humana.

Jesus parece estar revelando aos seus discípulos sua própria jornada de consciência ao longo de suas muitas vidas neste mundo até seu processo final de "morte" como ser humano. Ele nos adverte que vai fazer uma revelação, no momento em que relata seu "encontro" com Pistis Sophia abaixo de seu lugar de origem: "Vou lhe contar o mistério de como essas coisas aconteceram". Assim, o mito de Pistis Sophia é na verdade a história da alma de Jesus no mundo, através dos tempos imemoriais, até a apoteose de seu triunfo final. Jesus e Pistis Sophia são apresentados como um "par", os dois aspectos da alma, assim como os dois lados de uma moeda. Cada um tem seu próprio papel no mistério da vida. A expansão progressiva da consciência que eventualmente transforma Jesus em um mestre de sabedoria era, de fato, um reflexo, em um nível superior, de Pistis Sophia, em sua batalha lenta e implacável neste mundo contra todos os agentes da matéria que se esforçavam constantemente para tirar sua luz. Não se menciona o grande número de encarnações que Jesus deve ter passado até aquela histórica na Palestina. Durante todas essas vidas, independentemente dos nomes pelos quais ele pode ter sido conhecido, 'Pistis Sophia', sua alma, era a leal heroína guerreira batalhando neste mundo.

Agora podemos voltar ao mito. Bem cedo na história, Pistis Sophia 'cai' de sua região original, perseguindo uma miragem, um reflexo da luz do Alto percebido no plano inferior como um poder com cara de leão, que é o poder da matéria, ou seja, o egoísmo. Essa queda, devido à ignorância, foi seu 'pecado original', mas é dito que Pistis Sophia agiu assim sob o comando do primeiro mistério, ou seja, seguindo um impulso interior para obedecer o desígnio do plano divino, provavelmente com o objetivo de que o Espírito pudesse manifestar-se plenamente através da matéria, como foi expresso na recomendação bíblica: 'deveis ser perfeitos como o vosso Pai celeste é perfeito' (Mt 5:48).

Com algum esforço da imaginação podemos visualizar a unidade de consciência do homem aventurando-se do plano mental superior e, lentamente, sendo seduzida pelas vibrações totalmente novas das emoções e dos sentimentos, dos desejos e das paixões. À medida que Pistis Sophia consentia a essas vibrações ela se tornava cada vez mais emaranhada nesse novo nível vibratório e, com a repetição, tornava-se tão impregnada com elas que se estabelecia um condicionamento, ou tendência, mantendo-a virtualmente prisioneira do caos.

O texto deixa implícito que quando a unidade de consciência, Pistis Sophia, desce ao caos, isso significa que o homem encarna-se, ou seja, assume os veículos necessários para a manifestação no mundo material. Isso quer dizer que tanto no plano astral como no físico a alma é 'envolvida' por 'corpos' apropriados para seu funcionamento naquele plano, como um homem colocando um escafandro para poder atuar no fundo do mar. Deve ser lembrado que as entidades da região do meio, em cada plano, têm a função maternal de prover as condições apropriadas e de nutrir. Assim, no plano astral, a Providência[27] lega todas as tendências de outras vidas que oferecem inúmeras oportunidades para o indivíduo aprender todas as lições que ainda não foram aprendidas. No plano físico, a região do meio fornece um corpo físico ao indivíduo que é adequado para vivenciar o tipo de vida que o aguarda, resultado de seu carma.

É interessante notar que a história de Sophia expressa a realidade como vista do Alto, isso é, de um ponto de vista espiritual. Assim, quando Pistis Sophia reclama que os regentes dos eons estão oprimindo-a, tentando tirar a sua luz, isso pode expressar o fato de que a personalidade experimentou uma vibração pesada, agressiva ou desagradável, como um ataque de raiva, um sentimento de ódio, disse uma mentira etc. Mas a 'opressão dos regentes' também pode significar, do ponto de vista da personalidade, experiências imoderadas de gratificação dos sentidos, que para o homem do mundo representam 'alegria de viver' ou 'diversão', mas para a alma, vendo a realidade do ponto de vista da luz interior, representam a aflição da perda parcial de sua luz, pela qual ela terá que pagar caro.

Temos aqui a representação clássica da luta entre as forças das trevas e da luz. Pistis Sophia, a alma encarnante, procura ascender ao alto, mas tem que lutar a cada passo do caminho, desde a alvorada do tempo, contra as perigosas forças do mal e da escuridão, que não são forças exógenas atacando do exterior. Os inimigos do homem estão entrincheirados dentro de seu próprio castelo, ou seja, são suas próprias emoções, desejos e paixões sob o comando do Autocentrado, a personalidade egoísta, presunçosa e orgulhosa.

Pistis Sophia busca sua libertação com suas *metanóias*, referidas por alguns autores como 'arrependimentos', treze ao todo, seguidos por onze canções de louvor à luz. A palavra 'arrependimento' está no cerne da tradição cristã, porém, no

[27] Traduzimos o termo "*Heimarmene*" como Providência, em lugar de Destino como Hurtak e Mead fizeram. A razão para isto é que Destino tem uma conotação de imutabilidade, enquanto o termo Providência é mais apropriado para representar a idéia de uma herança do passado que condicionará, mas não compelirá um determinado comportamento ao homem.

original grego, *metanóia*, tinha o significado bem mais amplo de mudança na maneira de pensar, ou mudança no estado mental da pessoa, que tinha como *uma de suas conseqüências o* que hoje chamamos de *arrependimento* pelos erros do passado. Portanto, cada *metanóia* no mito está indicando que o homem está passando por uma transformação mental que, por sua vez, se reflete em mudanças de atitudes, valores e comportamento. O caminho, ou senda, tão decantado em todas as tradições esotéricas, apesar de ter uma conotação de estrada física é, na verdade, esse processo de mudança interior. Esta verdade está por trás da declaração na *Voz do Silêncio* de que o homem não pode entrar no caminho até que ele se torne o caminho.[28]

Essa chave para a evolução humana, a transformação da mente, está implícita na frase poética de João da Cruz, "transcendendo a razão com meus pensamentos", e explícita na recomendação de Paulo aos romanos: "E não vos conformeis com este mundo, mas transformai-vos, renovando a vossa mente, a fim de poderdes discernir qual é a vontade de Deus, o que é bom, agradável e perfeito" (Rm 12:2). Como não poderia deixar de ser, a recomendação para transformar a mente é também o axioma central da doutrina budista.

A natureza esotérica dos ensinamentos de Pistis Sophia é constatada nesse enfoque fundamental para a salvação, ou seja, a mudança de dentro para fora, e não meramente a obediência a uma série de preceitos, como na tradição ortodoxa judaica de obediência aos 613 preceitos da Torah. Jesus torna este ponto bem claro em seus ensinamentos públicos quando diz: "Com efeito, eu vos asseguro que se a vossa justiça não exceder a dos escribas e a dos fariseus, não entrareis no Reino dos Céus" (Mt 5:20). Em nenhuma parte do texto de Pistis Sophia encontramos Jesus pregando um código moral de comportamento. O que é dito e reiterado é que o homem deve renunciar a este mundo e transformar a sua mente se pretende buscar e receber os mistérios que lhe abrirão as portas da herança da luz.

Se por um lado as parábolas de Jesus e outros ensina-

[28] Blavatsky, H.P., *A Voz do Silêncio* (Wheaton, Ill: Theosophical Publishing House, 1992), p. 12.

mentos públicos atacam com freqüência a sabedoria convencional expressa como obediência à lei mosaica, parece haver uma clara intenção em Pistis Sophia de indicar que os ensinamentos de Jesus tinham um elo com a tradição dos profetas, especialmente como expressa nos salmos de Davi, nas odes de Salomão e nas profecias de Isaias, pois estes são citados como 'interpretação' das *metanóias* e canções de louvor de Pistis Sophia.

As vinte e quatro 'transformações da mente' e invocações proferidas por Pistis Sophia são indicativas da natureza lenta do processo de mudança necessário para transformar um homem do mundo no "estado de Homem Perfeito, a medida da estatura da plenitude de Cristo" (Ef 4:13). Cada mudança interior indica um estágio de renovação da mente no caminho espiritual.

Quando as *metanóias* e canções de louvor de Pistis Sophia são examinadas mais detidamente, notam-se alguns pontos críticos indicando mudanças fundamentais em sua situação, à medida que ela livra-se lentamente do caos. Essas mudanças fundamentais podem ser associadas às cinco grandes iniciações da tradição esotérica.

Os insistentes apelos de Pistis Sophia à luz do Alto são finalmente ouvidos e, após sua sexta *metanoia*, seu pecado de descer ao caos sozinha sem seu par é perdoado e Jesus, por sua própria conta (o poder da *Mente Superior*, ou o Espírito Santo da tradição ortodoxa), leva Pistis Sophia para 'uma região um pouco mais espaçosa no caos'. Esse alívio relativo das opressões do caos parece uma indicação da primeira iniciação.

Quando os regentes percebem que Pistis Sophia não tinha sido retirada inteiramente do caos, retornam com esforços redobrados para afligi-la e, então, ela continuou a apresentar suas invocações para alcançar uma mudança interior. Depois da nona *metanóia*, sua súplica pedindo ajuda à Luz foi parcialmente aceita e Jesus foi enviado pelo Primeiro Mistério (a mente superior reforçada pelo poder do Cristo interior) para ajudá-la a escapar secretamente do caos. A partir deste momento Pistis Sophia percebe Jesus como uma Luz brilhando intensamente, provavelmente uma indicação da abertura de sua visão espiritual, ou expansão de consciência devido à segunda iniciação.

Mas os desejos e as emoções provocados pelas coisas materiais continuam a ser sentidos, pois as emanações de Autocentrado e os poderes dos regentes mudam de forma à medida que o homem conquista as vibrações mais grosseiras. Depois da décima terceira *metanóia*, Jesus envia por sua própria conta (o poder da Mente), um poder de luz para ajudar a levá-la às regiões mais elevadas do caos. O processo iniciático continua com a décima quarta invocação, quando um poder de luz é enviado pelo Primeiro Mistério (o poder da pura luz de Cristo, que é Buddhi), e os dois poderes juntam-se tornando-se uma grande corrente de luz, formando como que uma coroa protetora de luz sobre a cabeça de Pistis Sophia. Esta parece uma descrição do glorioso estágio de iluminação alcançado na terceira iniciação, um estágio em que períodos de consciência da unidade com Deus e com o Todo são alternados com a consciência de dualidade usual do mundo.

A partir de então, a alegria de Pistis Sophia torna-se o tema central de suas canções de louvor nas quais ela reitera sua determinação de permanecer firme e nunca mais se afastar da luz. Mas os poderes das trevas não desistem e novas emanações mais fortes do Autocentrado são enviadas para juntar-se às outras, que mudam de aparência, para oprimir Pistis Sophia e levá-la para o fundo do caos outra vez. Depois de sua décima sexta invocação suplicando pela ajuda que lhe havia sido prometida, ela é salva mais uma vez pela corrente de luz, com a ajuda dos arcanjos Miguel e Gabriel. Jesus (o poder de *Buddhi-Manas*) também desce ao caos para ajudar Pistis Sophia e ele faz com que ela pise sobre a principal emanação malévola de Autocentrado, uma serpente com sete cabeças. Esse ritual simbólico parece uma indicação de que o processo de libertação está chegando a seu término. Pisar sobre a cabeça da serpente simboliza matar as sementes do mal no interior do homem, ou seja, a ilusão da separatividade.

Apesar de suas elevadas realizações, a alma ainda está sujeita às aflições dos poderes materiais sutis, e Pistis Sophia continua suas invocações. Jesus leva-a a uma região logo abaixo do décimo terceiro eon, seu lugar de origem, mas avisa-a que o Autocentrado (a personificação dos poderes da matéria) está furioso com ela e que ele vai tentar um último ataque por meio de duas emanações trevosas e violentas para procurar levá-la de volta ao caos. Jesus deixa-a só, mas promete voltar para ajudá-la se ela se sentir oprimida e invocar sua ajuda. E, como havia sido indicado, as duas emanações trevosas e violentas (provavelmente a depressão e a insegurança) atacam com toda sua força. Esta parece ser uma referência ao período chamado pelos místicos de "noite escura da alma",[29] em que o homem sente-se sozinho e abandonado por tudo e por todos, mergulhando num período de depressão que pode levar ao desespero, até que ele seja capaz de renunciar aos últimos liames que o prendem ao mundo, ou seja, seu sentimento de ser um "eu" separado, provavelmente uma referencia à quarta iniciação, que transforma o homem num *Arhat*.[30]

Com a vigésima quarta invocação finalmente chega o momento de levar Pistis Sophia permanentemente para fora do caos de volta para o décimo terceiro eon. Pode parecer um anticlímax, um mero retorno a sua região de origem. Mas, neste momento, uma comovente surpresa aguarda o leitor. É dito que Pistis Sophia alcança sua libertação final no exato momento em que Jesus está no Monte das Oliveiras com seus discípulos no processo de ser elevado às alturas envolto em luz. Temos assim a indicação da quinta iniciação, tanto do ponto de vista da individualidade glorificada, Jesus, e da personalidade 'transformada' e, finalmente, liberta da prisão do mundo. Naquele momento Pistis Sophia é finalmente reunida a seu par, Jesus, um paralelo com o sacramento da câmara nupcial mencionado no Evangelho de Filipe[31] e a experiência dos grandes místicos no estágio final de *Theosis*, ou união com Deus.

---

[29] Veja, E. Underhill, *Mysticism. The Nature and Development of Spiritual Consciousness* (Oxford, England: One World Publications, 1993), pp. 380-412.

[30] Um termo Sânscrito para aquele que merece honras divinas, usado pelos hindus e budistas para se referirem aos homens sagrados que foram liberados da necessidade do renascimento, e assim poderiam entrar e permanecer no Nirvana até o fim de um ciclo. Porém, muitos por compaixão para com o sofrimento da humanidade, escolhem permanecer no ciclo de renascimento para ajudar todos os homens a serem liberados do sofrimento.

[31] Veja, J. Robinson (ed), *The Nag Hammadi Library in English* (New York: Harper Collins, 1990).

Observações finais

Como a parábola do tesouro escondido no campo, o mito de Pistis Sophia está pronto para entregar a todo homem ou mulher que cultivar com afinco seu 'campo' interior, um verdadeiro tesouro enterrado de ensinamentos esotéricos, escondidos ali pelo Mestre para benefício de seus discípulos de todos os tempos, e não somente para aqueles que o seguiram durante sua vida terrena na Palestina há dois mil anos atrás.

Parece que com o desvelar dos diferentes níveis de manifestação e das progressivas mudanças interiores, o livro está tentando despertar o ser humano para a realidade de sua origem divina e de sua missão na Terra. Ao longo da história de Sophia e do restante do livro existem muitos ensinamentos que podem tocar a alma de cada leitor de uma maneira diferente. Neste senso o texto é mágico. Ele foi preparado para trabalhar em cada coração sincero que esta buscando com ardor e determinação as chaves para abrir as portas do reino dos céus.

Podemos concluir que Pistis Sophia, como todas as escrituras sagradas, é um mapa codificado que leva ao tesouro mais precioso ansiado pelo homem. Se pudermos interpretar os símbolos usados, poderemos trilhar o caminho e achar a pérola preciosa da Gnosis, a chave que nos admite no reino dos céus. Mas cabe a cada um de nós a responsabilidade de transformar os ensinamentos em prática, ou seja, em sua transformação interior.

Da Páscoa ao Anno Domini[32]

EDILSON ALMEIDA PEDROSA

Até mesmo alguns cristãos bem preparados intelectualmente costumam citar como evidência histórica da existência de Jesus o fato de a cronologia utilizada modernamente dividir a ordem dos acontecimentos históricos em duas eras: a pré-cristã (a.C.) e a cristã (d.C.). Esquecem-se do fato bem documentado de que essa divisão foi criada artificialmente em 532 pelo monge Dionísio, o Exíguo, nascido na Cítia Menor, no que é atualmente a região de Dobruja, Roménia, como resultado contingente de sua tentativa de metodizar o cálculo da data de comemoração da Páscoa cristã, que o teria levado a estimar a suposta data de nascimento de Jesus no ano 1, o *Anno Domini* (expressão latina que significa 'ano do Senhor'), assinalando assim um marco divisório do tempo histórico.

Quando Dionísio concluiu os seus cálculos, o Império Romano estava no ano 284 da era diocleciana. Como o monge não queria que o seu calendário fizesse referência ao nome de Diocleciano, um tirano e perseguidor de cristãos, resolveu datar os eventos a partir do nascimento de Jesus. Para encontrar essa data, ele valeu-se de relatos bíblicos, alguns até contraditórios, como Lucas 3:1 e Mateus 2:1. Na verdade, naquela época, não se sabia a data de nascimento de Cristo, tampouco havia evidência histórica consistente sobre a sua vida, o que ainda persiste até os dias atuais.

De acordo com informações da Wikipedia, a forma de da-

[32] Parte significativa deste artigo foi aproveitada, quase *ipsis litteris*, de meu livro *Um olhar sobre a filosofia esotérica*, Ed. do Conhecimento, 2017, capítulo V.

tação com uso do *Anno Domini*, que se utiliza também dos calendários juliano e gregoriano, foi aplicada primeiramente na Europa no século VIII, tendo sido a expressão "antes de Cristo" popularizada somente a partir do século XV. Portugal foi um dos últimos países a adotar esta forma, em 1422. É claro que nem todos os países seguem o calendário ocidental. Os chineses, japoneses, judeus, mulçumanos e diversos outros povos contam anos e meses de maneiras diferentes, porém há um reconhecimento global do calendário ocidental pela grande importância da cultura e da economia dos países de predominância cristã, o que traz efeitos práticos vantajosos para todo o mundo, decorrentes da uniformização de critérios de datação que facilitam o comércio internacional, os estudos científicos, históricos. Antes coexistiam vários sistemas de datação vinculados a diversos eventos, tais como o início do reinado de um governante, fundação de uma cidade e muitos outros considerados relevantes pelos diversos povos, o que dificultava sobremaneira as comparações e as trocas de informação entre as nações.

Na atualidade não se discute mais o fato de os cálculos de Dionísio serem discrepantes dos dados astronômicos e históricos da época escolhida por ele para ser a de nascimento de Jesus. Eles estão seguramente incorretos. Assim, por exemplo, no relato do Novo Testamento, Herodes teria sido contemporâneo de Jesus, quando de fato, segundo comprovação histórica, aquele governante faleceu quatro anos antes do suposto nascimento do doce rabi. Para a maioria dos acadêmicos bíblicos, Jesus teria nascido em 8 a.C. ou em 4 a.C. Foi oportunista também a escolha do dia 25 de dezembro como a data do nascimento do homem-Deus. Essa opção decorreu da influência do mundo clássico, que celebrava naquele dia o solstício de inverno, a festa pagã do deus-sol. Foi, então, criado mais um mito solar, e Jesus tornou-se "a Luz do mundo", o deus-sol dos cristãos, tal como Mitra, o deus romano na ocasião, e tantos outros deuses da antiguidade.

Mitra era uma divindade dos arianos da Índia, cujo culto difundiu-se pela antiga Pérsia, que corresponde ao atual Irã, e mais tarde pelo Oriente Médio. Ele era um deus-sol, um deus da luz, como demonstra o fato de ser representado tendo a cabeça de leão. Há referência a essa divindade remontando ao segundo milênio antes de Cristo. No país dos arianos, ele era um dos doze deuses principais, os adityas, os filhos de Aditi, que eram personificações do Sol. Nos Vedas, Mitra era o regente do dia, enquanto Varuna, com quem estava intimamente associado, regia a noite.

A relação entre o Mitra indiano e o persa (que pode ser escrito como Mithra) deriva-se da igualdade dos nomes e do fato de ambos serem divindades solares. Na Pérsia, ocorreu o sincretismo do zoroastrismo com o culto de Mitra, o que provavelmente contou com o incentivo de Dario I (550-486 a.C.), que estava movido por motivos políticos. Na religião monoteísta de Zoroastro, o deus Mitra passa, então, a ser um anjo de luz, parceiro do deus Ahura Mazda (o deus supremo) na luta contra as forças do mal. Algumas escrituras zoroastristas chamavam Mitra de a Luz Divina, sendo ele considerado o responsável pela expulsão do céu do deus Ahriman, a personificação do mal, o senhor dos espíritos malignos, a sombra de Ahura Mazda.

No Avesta, um dos mais importantes livros sagrados do zoroastrismo, Mitra era considerado uma espécie de messias que deveria voltar com a função de juiz das almas dos homens e um deus que arca com os pecados da humanidade e a liberta, estando essa função em total sintonia com o ocultismo supremo, cujos ensinamentos eram também evidenciados nas celebrações dos mistérios de Mitra. Foi, portanto, o culto a Mitra que deu origem ao mitraísmo, e este era uma religião de mistérios, com ritos e cerimônias bem elaborados, que se espalhou amplamente pelo Império Romano, a partir de aproximadamente 75 a.C., segundo a *Enciclopédia Delta Universal.* O mitraísmo foi um dos mais importantes concorrentes do cristianismo por cerca de 200 anos, até que, em 391, o imperador romano Teodósio declarou-o ilegal.

A história comparada das religiões evidencia com clareza e provas abundantes que o cristianismo se apropriou de vários elementos de outras religiões, especialmente do mitraísmo. Assim, tanto na mitologia hindu como na persa, Mitra simbolizava o Sol Vencedor, que era festejado em 25 de dezembro. Nesta data ocorre o solstício de inverno no hemisfério norte, que é o dia em que há a menor incidência solar. A partir daí, a duração do dia vai crescendo, simbolizando a vitória da luz sobre a escuridão. A cultura do império romano apoderou-se desse símbolo, incorporando no seu calendário as comemorações do mitraísmo na figura do Sol Invictus. A igreja cristã aproveitou-se também dessa tradição para referenciar o Natal. Em resumo, segundo afirmam alguns importantes estudiosos, Mitra era considerado o filho de Deus e um salvador que nasceu de uma virgem, teve doze apóstolos, batizava para a vida eterna, foi crucificado, ressuscitou dos mortos no terceiro dia, expiou os pecados da humanidade e subiu aos céus, tendo prometido voltar nos fins dos tempos para o juízo final.

* * *

O Talmude, coleção de livros sagrados fundamentais do judaísmo e complementares à Torá, que contêm a lei, as tradições, a doutrina e a moral do povo judeu, foi posto por escrito, ou mais precisamente, editado em aramaico, no decorrer dos dois primeiros séculos de nossa era, pois antes seus ensinamentos eram transmitidos oralmente. Conforme G. R. S. Mead[33] no seu *Did Jesus Live 100 B.C.?*,[34] há passagens no Talmude que abordam a vida de Jesus, considerando-o, no entanto, um ser humano comum que teria aprendido algo da magia egípcia e não propriamente um ser de grande iluminação espiritual.

Certamente tal descrição feita pelos sábios judeus tem trazido, desde tempos remotos, sérias contrariedades e perseguições ao povo hebreu, vítima inocente de intolerância religiosa de correntes de pensamento cristãs ressentidas com a diminuição de seu Deus-homem naqueles livros sagrados. Para os judeus, era uma ideia inadmissível, e continua sendo uma blasfêmia, considerar um homem, no caso Jesus, o filho biológico de Deus. No entanto, cristianismo e judaísmo são

[33] George Robert Stowe Mead foi influente membro da Sociedade Teosófica nos seus primórdios. Destacou-se como profundo estudioso do cristianismo primitivo e da tradição judaica, tendo sido um escritor profícuo, editor e tradutor.
[34] 1ª ed., London, Theosophical Publishing Society, 1903.

irmãos siameses, o cristianismo nascente nada mais era que uma seita judaica, e o Jesus bíblico era claramente um judeu ortodoxo, tanto que se recusou a exorcizar uma menininha de Tiro (cidade libanesa da antiga Cananeia) sob a alegação de que ele fora enviado exclusivamente para "as ovelhas perdidas da casa de Israel", como registrado em Mateus 15:22-28. Reforça esse argumento o fato de que aquele Jesus nunca se declarou Deus. Todas as afirmativas em contrário são inserções falsas feitas por copistas muito tempo depois da sua suposta crucificação.

Os judeus, fundados no Antigo Testamento, insistiam em confirmar a unidade de Deus (YHWH). Os cristãos viram-se, no entanto, obrigados a distanciar-se desse princípio. Já que nascera de uma mulher, tornou-se necessário declarar Jesus como Deus-filho, ou seja, Deus encarnado como homem, porém gerado por Deus-pai pela atuação do Espírito Santo. Essas três entidades dão tangibilidade ao dogma esquisito da Santíssima Trindade, do qual nenhum crente pode jamais duvidar, embora o termo Trindade não apareça na Bíblia. Este dogma parece ter sido criado apenas para adaptar o cristianismo ao antiquíssimo arquétipo da trindade que dominou a cultura religiosa de todos os povos e civilizações da antiguidade, cujos mitos da criação estavam baseados num sistema trinitário, formado por uma divindade masculina, outra feminina e uma terceira que representava a filiação e era a resultante da união das duas polaridades opostas anteriores (positivo e negativo, ou pai e mãe; masculino e feminino). O Deus trino (Pai, Filho e Espirito Santo), o princípio organizador da teologia cristã, é, assim, uma cópia deturpada das trindades clássicas das grandes religiões do passado, onde, na Índia, tivemos Brahma, Vishnu e Shiva; no Egito, Ísis, Osíris e Hórus; na Grécia, Zeus, Maia e Hermes; na Babilônia, Anu, Ea e Enlil; em Roma, Júpiter, Juno e Minerva.

Quando Roma se cristianizou definitivamente, em 317, com o imperador Constantino passando a adotar claramente os lemas e símbolos cristãos, acentuaram-se as perseguições aos judeus na tentativa de abafar, à força, as ideias religiosas contrárias aos dogmas cristãos que já estavam estabelecidos.

Foram vítimas também dessa imposição da ideologia cristã, despreparada que estava para enfrentar opiniões divergentes bem fundamentadas, não só os judeus, mas também diversas correntes filosófico-religiosas estabelecidas no império romano, especialmente as neoplatônicas. Nessa tentativa de impor o monopólio de seu Deus, a igreja foi responsável, durante séculos, não só pelo cerceamento da discussão de ideias filosóficas e científicas consideradas contrárias, mas também pela destruição de locais de reuniões e templos, perseguição ou matança de pseudoadversários ou apóstatas, queima de livros e tantas outras práticas inimagináveis de intolerância. Um dos maiores crimes contra a humanidade instigado pela igreja foi a destruição da magnífica Biblioteca de Alexandria, visitada por sábios do mundo inteiro em função do seu imenso e diversificado acervo literário, que a tornava o maior centro de difusão cultural de sua época.

Devido principalmente a divergências com a classe sacerdotal judaica e não propriamente a perseguições movidas por fanáticos cristãos, alguns religiosos ligados ao movimento essênio passaram a viver voluntariamente no deserto com suas crenças na vinda iminente de um messias e suas rotinas e hábitos ascéticos rigorosíssimos. Os denominados Manuscritos do Mar Morto, uma coleção de textos completos e outros fragmentados escondidos em cavernas em Qumran, no Mar Morto, encontrados em fins da década de 1940, pertenciam a algumas dessas comunidades judaicas do deserto, que ali viveram desde o século II a.C. até o ano 70, aproximadamente. À exceção dos livros de Ester e Neemias, esses documentos continham toda a bíblia hebraica, além de outros livros apócrifos e as regras da própria comunidade, demonstrando que, na época de Jesus, o judaísmo não era representado apenas por fariseus e saduceus, pois existiam outras tradições. A versão bíblica dos Manuscritos é muito mais antiga que o texto da Bíblia hebraica e datam de mais de mil anos antes.

Após tanto tempo desde o descobrimento dos manuscritos do Mar Morto, persistem ainda ácidas discussões sobre aqueles singelos documentos, que envolvem tanto questões de significado transcendental quanto outras aparentemente mais triviais, como a identidade de quem os teriam escrito ou a data precisa de sua redação. Os manuscritos, no entanto, ampliaram a compreensão da doutrina, dos costumes e da vida dos essênios e, consequentemente, do contexto onde Jesus teria feito as suas pregações. Há neles muita informação para o estudo comparativo das diversas versões da Bíblia e de doutrinas que vieram a ser consideradas heréticas posteriormente. Mas, ainda não é possível se chegar ao grau máximo de aprofundamento que o assunto requer, pois faltam traduções de alguns textos encontrados e uma análise mais extensa dos já traduzidos.

Há um silêncio constrangedor nos pergaminhos do Mar Morto sobre a figura de Jesus, pois nenhum texto divulgado faz a menor alusão a ele. Isso reacende o debate sobre a historicidade dos evangelhos e da vida do Cristo entre os judeus. Embora não seja nossa intenção questionar esse aspecto dos evangelhos, sabe-se que até hoje ainda não foi encontrada nenhuma evidência histórica decisiva sobre a existência do messias. Existe apenas uma breve referência e sem importância feita por Flávio Josefo, com sentenças sabidamente interpoladas em seu texto, como comprovado pelos estudiosos bíblicos, o que levou boa parte dos historiadores e pesquisadores bíblicos a concordar que, no máximo, Jesus viveu na Terra, praticou alguns dos atos que lhe foram imputados e passou alguns ensinamentos, tendo encontrado uma morte violenta. Nada mais.

O historiador J. Lentsman, em seu livro *A origem do cristianismo*,[35] ao tratar das 'fontes não cristãs', vai ainda mais longe quando afirma: "Não se encontra qualquer alusão aos adeptos da nova fé nas fontes não cristãs que datam do século I." Nas páginas 57-59, ele discute detalhadamente a grosseira falsificação de uma remissão hipotética a Flávio Josefo. Josefo, um judeu nascido em 37 a.D., o maior cronista dos fatos ocorridos na Judeia no primeiro século, fez apenas duas referências a Jesus. Numa delas, ele menciona *en passant* a morte de Tiago, o irmão de Jesus. Noutra, um tanto mais longa, ele refere-se a Jesus como um 'homem sábio' e 'fazedor de mila-

[35] Ed. Fulgor, São Paulo, 1962, p. 55.

gres' que teria sido crucificado por Pôncio Pilatos e ressurgido dos mortos no terceiro dia. Essa última passagem é considerada pelos estudiosos como um acréscimo malfeito e que teria sido introduzido pelos tradutores cristãos posteriores.

É inútil evocar o testemunho dos evangelistas, pois eles foram pessoas desconhecidas, cuja identidade nunca foi estabelecida historicamente. Os quatro evangelhos foram escritos após decorrido bastante tempo desde a suposta morte de Jesus e com base apenas na tradição oral. Os evangelhos originais, aqueles autografados pelos evangelistas, perderam-se ou, mais provavelmente, foram secretamente escondidos. As únicas cópias hoje disponíveis foram objeto de adulterações, tendo sido traduzidas, editadas e alteradas para adaptar-se a conceitos e dogmas teológicos que estavam se firmando e certamente falsificam os relatos originais em algumas passagens.

Além do testemunho dos evangelistas, resta apenas os chamados Padres da Igreja, fanáticos diretamente interessados na preservação do mito. No mais, tudo é escuridão e silêncio. Isso reforça, por outro lado, a possibilidade de que os evangelhos, tal como as escrituras sagradas de outros povos, sejam tratados simbólicos de ocultismo, escritos por pessoas iluminadas com o propósito de revelar verdades eternas de grande significado espiritual, veladas sob o manto da alegoria e do símbolo representados na vida de alguns personagens das histórias que narram. Geoffrey Hodson escreveu excelente livro, *A Vida de Cristo do Nascimento à Ascensão*,[36] sobre a história da vida de Cristo no enfoque da sabedoria oculta nela existente, fornecendo insuspeito e insuperável material para quem quiser aprofundar seu conhecimento da narrativa evangélica sob esse ângulo.

Segundo Blavatsky, a biografia de Jesus foi inventada depois do primeiro século. A lenda criada sobre Jesus está baseada na existência de um personagem chamado Jehoshua, nascido na cidade bíblica de Lod (situada a 15km da atual Tel Aviv) por volta de 120 anos a.C. Para aprofundamento do tema, sugiro a leitura dos livros *Ísis Sem Véu*, de Helena Blavatsky;[37] *The Life of Jehoshua, the Prophet of Nazareth - One*

[36] Ed. Teosófica, 2001.
[37] Ed. Pensamento, São Paulo.

Occult Study and a Key to the Bible Containing the History of an Initiate, de Franz Hartman[38] e o já citado *Did Jesus Live 100 B.C.?*, de G. R. S. Mead.[39]

A vida de Jesus e de sua família tem despertado grande fascínio ao longo dos dois últimos milênios e suscitado muitas pesquisas científicas e estudos profundos de leigos e crentes. Milhares de documentos, relíquias e depoimentos de especialistas têm sido esquadrinhados. Apesar dos esforços desenvolvidos, ainda não foram encontradas provas irrefutáveis da existência de Jesus e, na melhor das hipóteses, considerando-se evidências alicerçadas na análise da própria história evangélica, os autores não comprometidos ideologicamente chegam a uma conclusão básica:

> Mesmo depois de todas as buscas e de todos os exames, a resposta mais confiável é curta: Jesus foi um judeu de Nazaré que viveu e foi crucificado na província romana da Judeia, a terra de Israel, intratável região na fronteira oriental do império, situada numa perigosa encruzilhada do mundo antigo. Que aparência tinha: Ninguém sabe ao certo.[40]

Com todas essas restrições, é preciso um grande esforço para admitir que Jesus existiu de fato. Porém, crer que ele seja o próprio Deus Todo Poderoso é dar um passo maior que a distância entre a Terra e o centro do universo.

Do ponto de vista teosófico, a história de Jesus Cristo, Deus feito homem, como contada nos evangelhos, é uma reprodução muito aproximada de narrativas míticas de outras religiões descritivas de avatares, budas e salvadores da humanidade. Tal como o deus Mitra da Pérsia ou o Krishna hindu e o Hórus egípcio, o Jesus bíblico nunca foi uma pessoa real, sendo antes uma personificação endeusada do modelo glorificado dos grandes hierofantes dos templos de mistérios. Por exemplo, a mitologia egípcia de pelo menos cinco mil anos atrás já se referia à vida dos deuses Osíris e Hórus com detalhes que antecipavam com notável semelhança os fatos mais

[38] Occult Publishing House, Boston.
[39] Theosophical Publishing Society, London.
[40] Kinley, D. G. - *Em Busca de Jesus - Seis Relíquias Que Contam a Notável História dos Evangelhos*, Ed. Fontamar, São Paulo, 2015.

importantes da história sobrenatural da vida de Jesus. Na antiga crença egípcia vemos que Hórus era filho de Osíris, o qual reinava sobre os demais deuses e os homens. A deusa Ísis, mãe de Hórus, tal como Maria, a mãe de Jesus, foi avisada por um ser celestial de que teria um filho do Deus Supremo, Osíris. O deus encarnado na Terra, Hórus, nasceu numa gruta no dia 25 de dezembro, e uma estrela teria surgido no Oriente para assinalar esse fato. Esse astro é Sírius, a estrela mais brilhante vista no céu noturno, cujo nome quer dizer Osíris. Ao nascer, Hórus recebeu a visita de três sábios. Ele também teve um perseguidor, Seth, que o quis matar quando era ainda bebê, tendo Ísis fugido com ele. Aos doze anos, Hórus ensinava no templo, devendo ser lembrado que Jesus fez a mesma coisa na mesma idade. Hórus foi batizado no rio Eridanus por Anup, o Batista. Tal como João, o Batista, Anup foi também decapitado tempos depois. Hórus desapareceu por 18 anos, que corresponde exatamente ao período, entre os 12 e 30 anos, que Jesus desaparece dos relatos bíblicos. O deus egípcio andou sobre as águas, teve doze discípulos, ressuscitou um defunto chamado El-Azarus (Jesus deu nova vida a um morto com o mesmo nome: Lázaro), transfigurou-se sobre um monte, foi morto e ressuscitou no terceiro dia. Após o ritual de ressurreição, feito com a intervenção de mulheres, Hórus ascendeu aos céus. Ainda de acordo com a mitologia egípcia, Osíris, o Deus supremo, teria também passado algum tempo aqui na Terra como um homem, tendo ressuscitado após a sua morte e passado a reinar eternamente em espírito como o Deus do universo. As histórias de Hórus e de Osíris são muito semelhantes e bastante parecidas com a de Jesus, que também é apresentado nos evangelhos como homem e Deus. Chama a atenção também a maneira franca como os evangelhos e o Apocalipse foram parodiados do Livro de Enoch, que foi um patriarca antediluviano, ancestral de Noé. Esse texto não canônico contém profecias e revelações e foi, por sua vez, cópia de parte de escrituras de uma religião pré-histórica. Há hipótese bem fundamentada de que o Livro de Enoch era considerado uma escritura inspirada no tempo em que os evangelistas, arremedando os escritos do venerável patriarca, construíram as suas próprias narrativas.[41]

Teólogos de renome da Igreja Católica já reconheceram há tempos, no que são apoiados por pastores protestantes, que a sua religião se apoderou de símbolos e narrativas de povos mais antigos, de onde plagiaram claramente os seus ensinamentos. Alguns desses fanáticos senhores tiveram a desfaçatez de atribuir ao demônio o ardil de ter imitado e encenado os evangelhos antes mesmo de eles terem sido escritos. Vemos, por exemplo, De Mirville, um defensor influente da Igreja Romana, fazer a seguinte declaração em um de seus mais importantes livros:

> Temos mencionado vários semideuses e também heróis 'realmente históricos' dos pagãos, que foram predestinados, desde o nascimento, a remedar e ao mesmo tempo desonrar a natividade do herói que era precisamente Deus e ante o qual toda a Terra havia de inclinar-se; vimos que, como ele, nasceram de mãe imaculada; estrangularam serpentes em seus berços; lutaram contra demônios; realizaram milagres; sucumbiram como mártires; desceram ao mundo inferior e ressuscitaram de entre os mortos. E temos deplorado amargamente que alguns cristãos demasiado tímidos se sentissem obrigados a explicar todas essas semelhanças como coincidências dos mitos e dos símbolos. Esqueceram, ao que parece, as palavras do Salvador: 'Todos os que vieram antes de mim foram ladrões e malfeitores' – palavras que tudo explicam sem necessidade de nenhuma negação absurda, e às quais fiz o seguinte comentário: o Evangelho é um drama sublime, parodiado e representado antes do seu tempo por embusteiros. [42]

Se a estrutura da narrativa evangélica é típica da descrição dos herois e deuses da antiguidade, nem por isso a história bíblica de Jesus pode ser desprezada, já que é também uma poderosa alegoria contendo lições profundas. Os atos e ensinamentos a ele atribuídos, assim como todos os eventos a

[41] J. E. de Mirville *apud* Blavatsky, H. P. (A Doutrina Secreta, Vol. IV, Ed. Pensamento, São Paulo, 1973, pp. 49-50).
[42] J. E. de Mirville apud (Blavatsky, 1973, Vol. IV - p. 49).

ele relacionados são uma representação dramatizada do ciclo de iniciação, ciclo este fundado na precessão dos equinócios e nos signos do Zodíaco. Convém lembrar, a propósito, que a Terra apresenta uma mudança gradual e constante de posição de seu próprio eixo. Esse movimento denomina-se precessão dos equinócios, porque o eixo imaginário norte-sul se desloca em sentido retrógrado, contrário ao movimento de translação, passando a apontar para diferentes pontos até completar uma volta inteira, o que dura cerca de 25.868 anos, período esse chamado o grande ano sideral, ocupando ao fim a mesma posição em que se encontrava originalmente. Por causa desse fenômeno, as eras zodiacais mudam quando o Sol nasce de frente para uma nova constelação no dia do equinócio de outono no hemisfério sul ou da primavera no hemisfério norte. A mudança de uma era zodiacal ocorre a cada 2.160 anos. O Sol cruzará o equador no equinócio vernal, em movimento de retrocesso de ano a ano até completar uma volta correspondente à eclíptica, passando pelos doze signos e gastando obviamente nesse giro o mesmo tempo daquele tomado na precessão dos equinócios. Atualmente, o Sol nasce em Peixes no equinócio vernal e está se aproximando a data em que ele nascerá na Constelação de Aquário, o que deverá ocorrer em meado do século XXV. Acredita-se que hajam efeitos palpáveis sobre a humanidade nas mudanças de era, cada uma aportando características próprias de repercussões distintas sobre a humanidade, muito embora a influência da nova era se faça sentir antes mesmo do fim da era precedente. Há previsões de que, na era de Aquário que se aproxima, um novo ciclo de prosperidade baseada na fraternidade universal e na racionalidade deverá ser iniciado, trazendo um significativo surto de desenvolvimento econômico, social, científico e espiritual. Consequentemente, será também um período extremamente favorável ao desenvolvimento do misticismo universal. A era de Peixes representa o cristianismo, talvez porque o acrônimo do nome de Cristo em grego (Iesus Christus Theou Yicus Soter, Jesus Cristo filho de Deus Salvador) significava peixe (*Ichthys*), que era um símbolo adotado pelos cristãos primitivos para representar a sua religião. Os primeiros cristãos costumavam chamar a si próprios de pequenos peixes.

Tal correlação astronômica surge do fato de que, ao perfazer um ciclo inteiro de iniciação, o homem interior (o verdadeiro iniciado) reassume o seu primitivo estado de pureza e consciência divina que o caracterizava quando iniciou a imersão na matéria em seu ciclo evolutivo de encarnações terrenas, numa perfeita analogia com o ciclo zodiacal, com os corpos celestes, ao final de um ano sideral (25.868 anos comuns), voltando a ocupar as mesmas posições relativas que detinham no início do período. A narrativa do progresso do homem Jesus através de cinco iniciações, até tornar-se um *adepto*, é uma generalização das mesmas experiências por que devem passar todos os iniciados que estão trilhando deliberadamente o caminho da cruz. Porém, numa interpretação mais universal, Cristo representa Deus e a sua efusão de vida no universo. Noutra explicação, agora mais próxima da nossa humanidade, Cristo pode ser visto como o espírito do homem comum em sua peregrinação rumo à perfeição.

Despojados de suas fantasias, os evangelhos podem ser reputados, por conseguinte, como uma revelação de verdades eternas, tais como as leis que regem a existência dos seres e as experiências místicas no interior de cada pessoa. Quando percebidos em seu sentido mais profundo por trás da alegoria e do símbolo, pode-se verificar que ali estão descritas: a) as leis de operação do divino na natureza, b) a experiência mística por que passam os seres humanos de forma geral, c) como se dá o despertar consciencial daqueles que estão no caminho acelerado do desenvolvimento espiritual e (d) as experiências vividas durante as grandes iniciações que levam o homem à perfeição, que é o estado de 'adepto', isto é, o iniciado que obteve o quinto grau dos mistérios maiores e tornou-se um homem perfeito, aquele que dominou completamente sua natureza humana inferior e adquiriu elevados conhecimentos correspondentes à sua estatura evolutiva. Hodson, em cujos livros nos baseamos para formular as explicações a seguir sobre as cinco grandes iniciações simbolizadas nos principais eventos da vida de Jesus, enfatiza que: "O 'caminho sagrado' que conduzia da Acrópole, em Atenas, até os templos de iniciação, em Eleusis, também pode ser considerado como um símbolo externo de uma senda interior aberta para todos aqueles que perseverarem. As iniciações conferidas, especialmente as dos Mistérios Maiores, tinham as mesmas características das descritas alegoricamente no Novo Testamento. Além disso, apesar de veladas pelo segredo, essas cerimônias estão ainda sendo encenadas em salas e catacumbas, simbolizadas pelo estábulo, onde os profanos não têm permissão para entrar." [43]

A vida de Jesus é uma metáfora da entrada do aspirante no caminho acelerado do desabrochar espiritual. Isso se dá quando o eu superior do homem desperto espiritualmente assume a responsabilidade pela sua própria evolução, significando que ele atende simbolicamente ao chamado de João Batista para 'arrepender-se' e move-se interiormente no sentido de transformar a sua conduta e o seu caráter. O neófito torna-se, assim, um discípulo, passa a trilhar a senda do aperfeiçoamento, com todas as dificuldades a ela inerentes ('o caminho da cruz') e entra na 'corrente' (o batismo). Nesse percurso, ele submete-se às cinco grandes iniciações[44] que são outorgadas nas escolas de mistérios maiores, equivalentes no cristianismo esotérico ao nascimento, batismo, transfiguração, crucificação e ascensão.[45] As iniciações culminam com a realização do adeptado, isto é, a autolibertação das limitações da existência humana, quando então o *adepto* realiza a 'ascensão à mão direita de Deus'. Os que chegam nesse último estágio são aqueles que passam pela porta estreita e trilham o caminho apertado (Mateus 7:13-14). Eles cumpriram a profecia de Cristo, vindo a ser "*perfeitos, como é perfeito o ... Pai que está nos céus.*" (Mateus 5:48). Esses seres perfeitos que passaram pelas cinco grandes iniciações são os membros da 'comunhão dos santos' e afiliados da 'ordem do sacerdócio de

---

[43] *A Vida de Cristo do Nascimento à Ascensão*, Ed. Teosófica, Brasília, 2001, p. 326.

[44] A iniciação é uma regeneração psicológica e espiritual tão profunda que equivale a um novo nascimento, o início de uma nova vida.

[45] O evangelho apócrifo de Felipe, da biblioteca de Nag Hammadi, contém várias passagens versando sobre os cinco sacramentos que teriam sido instituídos por Jesus e que podem ser facilmente relacionadas com as iniciações de que estamos tratando. Assim, no versículo 70, lemos: "O Senhor fez tudo num mistério, um batismo, uma crisma, uma eucaristia, uma redenção e uma câmara nupcial."

Melquisedeque' (Salmos 110:4), à qual Jesus foi biblicamente nomeado o sumo sacerdote (Hb 5:6-10).[46]

A primeira das grandes iniciações ocorre no despertar da vida espiritual, o início da caminhada rumo ao adeptado, e ela está descrita alegoricamente no relato do nascimento de Jesus. Nessa versão, a estrebaria pode ser entendida como a sala da iniciação. A estalagem lotada, na qual a sagrada família não pôde se hospedar, significa a vida mundana, repleta de homens aprisionados às coisas do mundo. Os magos (homens sábios) são os oficiantes no rito sagrado, e a estrela simboliza a presença do Iniciador Único[47] na Terra. Os pastores podem ser entendidos como os membros da Grande Fraternidade de *adeptos* também presentes à solenidade. Outra forma de pensar essa iniciação é considerá-la a descrição das transformações que ocorrem nos corpos físico e superfísico do homem no decorrer de sua preparação para as grandes iniciações que ainda estão a sua frente. Os poderes divinos inerentes a todos os seres humanos, como a força da vontade espiritual e a energia criativa residente em *kundalini*, que se encontravam quase inativos, despertam para a atividade, ou "nascem", e passam a ser percebidos pelo iniciado.

O batismo equivale à segunda grande iniciação. Na narração bíblica (Mateus. 3:16-17), Jesus é batizado por João e, quando sai da água, abrem-se-lhe os céus, e o Espírito de Deus desce sobre ele como uma pomba, ouvindo-se então uma voz, que diz: "*Este é o meu Filho amado, em quem me comprazo.*" Aqui estão descritos os efeitos místicos que ocorrem no interior do iniciado nesse segundo grande mistério. Durante o rito iniciatório várias barreiras são finalmente derrubadas, sendo elas representadas pela resistência da consciência em ainda se agarrar à sensação de ser uma individualidade separada, bem como do pensamento em persistir em centrar-se em si mesmo. O candidato perde, então, quase todo o senti-

[46] A Ordem de Melquisedeque é provavelmente a mesma dinastia dos jagat gurus, ou instrutores do mundo, de que fala o hinduísmo, que é idêntica à sucessão dos budas iluminados referida pelos budistas.

[47] O Iniciador Único é o Sanat Kumara (sânsc.), o mais excelso dos sete kumaras, o que tem a função de Senhor do Mundo, líder supremo da hierarquia espiritual invisível que dirige, auxilia e sustenta o nosso globo. É considerado o representante do Logos no planeta e quem rege a evolução na Terra.

do de ego que ainda remanescia, e as limitações mundanas desfazem-se. É como se o céu se abrisse para ele, vindo a sua consciência liberada a expandir-se extraordinariamente, universalizar-se e iluminar-se. O aspecto sabedoria da divindade, simbolizada na pomba, desce sobre ele, trazendo-lhe poder espiritual e graça, permitindo que a sua natureza humana assim iluminada torne-se plenamente capacitada.

No longo ciclo graduado das iniciações, os primeiros degraus, aqueles que levavam à purificação, eram representados pela água. Esta era a regeneração do corpo material, mas as iniciações superiores eram as do fogo, as que conduziam à revivificação do homem interno, o ser espiritual. O fogo simbolizava a completa restauração moral e espiritual do iniciado. Não por outro motivo, João Batista, que era apenas um asceta ainda não iniciado, teria feito a seguinte referência à Jesus, um iniciado superior: *"E eu, em verdade, vos batizo com água, ... mas aquele que vem após mim ... vos batizará com o Espírito Santo, e com fogo"* (Mateus 3:11). Essa compreensão está reforçada pela seguinte passagem no livro gnóstico Pistis Sophia, quando os discípulos assim se dirigem a Jesus: *"Rabi, revela-nos os mistérios da Luz* [isto é, o 'Fogo do Conhecimento e da Iluminação'] ... *porquanto te ouvimos dizer que há outro batismo de fumo e outro batismo do Espírito da Luz Santa* [isto é, do Espírito do Fogo]. *"* [48]

A terceira grande iniciação identifica-se simbolicamente com o fenômeno da transfiguração vivenciado por Jesus no alto de um monte.[49] Reconhece-se, nessa solenidade, que a alma do candidato alcança um estado tão elevado de exaltação espiritual que se irradia por todo o corpo, de tal forma que este parece desaparecer perante o brilho da alma. Como um sol de estio, a luz interior é tão fulgurante que não só o corpo da pessoa, mas a própria roupa do candidato, passam a refulgir. Fenômeno semelhante ocorreu com Moisés quando desceu do Monte Sinai trazendo as tábuas do testemunho.

---

[48] C. W. King apud (Blavatsky H. P., A Doutrina Secreta, 1973, Vol IV – p. 136).
[49] Em Mateus 17:1-3, lemos: "Seis dias depois, Jesus tomou Pedro, Tiago e seu irmão João, e os levou para um lugar à parte, em um alto monte. E ali foi transfigurado diante deles. O seu rosto resplandeceu como o Sol, e as suas vestes tornaram-se alvas como a luz. E eis que lhes apareceram Moisés e Elias conversando com ele."

O monte, nesses casos, é um símbolo da grandeza do poder que está sendo expresso, o exaltado estado de consciência mística alcançado. Nesse rito iniciatório, o centro da consciência do iniciado une-se com o correspondente centro do universo e da divindade que o preside, e isso provoca uma expansão consciencial do iniciado que repercute na sua parte física mortal, regenerando-a. Essas experiências, que se dão no nível puramente espiritual, não são solitárias, pois os mais antigos *adeptos* estão presentes na solenidade e observam o eu imortal do candidato. Esses augustos seres, personificando os membros da Grande Fraternidade de adeptos, estão representados aqui por Moisés e Elias, que conversam com Jesus.

Correspondente à quarta grande iniciação, temos os sucessos descritos alegoricamente como a paixão e crucificação de Jesus, o seu sofrimento no Getsêmani,[50] a noite escura da alma. A crucificação é o símbolo das provações pelas quais todos aqueles que se aproximam do adeptado estão destinados a passar no caminho acelerado de desenvolvimento. São experiências essencialmente interiores e dramáticas a serem vivenciadas por aqueles que trilham com sucesso o caminho da realização espiritual. Como percebe-se na história desse momento de Jesus, que é a repetição de uma experiência confirmada pela tradição de mistério, o iniciado mergulha nas trevas mais profundas. Ali a sua alma é testada e analisada. Ao contrário da luminosa experiência da transfiguração ocorrida no alto do morro, a paixão ocorre no Getsêmani, um jardim que fica no escuro sopé do Monte das Oliveiras. A solidão é uma característica e essência desse momento de provação, cuja culminação é a morte simbólica do corpo (o eu inferior) no momento da crucificação. Todos os companheiros de jornada, os amigos e parentes, mesmo os mais chegados, não compar-

[50] "E indo um pouco adiante, prostrou-se com o rosto em terra e orou: 'Meu pai, se é possível, que passe de mim este cálice; contudo, não seja como eu quero, mas como tu queres.' E, ao voltar para junto dos discípulos, encontra-os dormindo. E diz a Pedro: 'Como assim? Não fostes capazes de vigiar comigo por uma hora! Vigiai e orai, para que não entreis em tentação, pois o espírito está pronto, mas a carne é fraca.' Afastando-se de novo pela segunda vez, orou: "Meu Pai, se não é possível que este cálice passe sem que eu o beba, seja feita a tua vontade!' E ao voltar de novo, encontrou-os dormindo, pois os seus olhos estavam pesados de sono. Deixando-os, afastou-se e orou pela terceira vez, dizendo de novo as mesmas palavras." (Mateus 26:39-44).

tilham do sofrimento do iniciado, eles dormem simbolicamente. A falta de ajuda externa é inevitável nessa fase do caminho trilhado. Essa experiência retrata o desprezo do iniciado pela sua natureza mortal, compreendida pelos corpos físico, emocional e mental inferior, de vez que ele deve se livrar dos mínimos traços de egoísmo (mental), dos desejos provocados pelas emoções e dos apetites do corpo físico. O fato de Jesus encontrar os discípulos dormindo por três vezes significa que a experiência de abandono é demorada, e o iniciado deve se postar por um tempo relativamente mais longo diante do portal que conduz à quarta iniciação.

Após a ressurreição, Jesus ainda esteve vários dias entre os discípulos, instruindo-os sobre a sua doutrina, até que, finalmente, chega a culminação da história de sua vida, quando ele é elevado ao céu no evento conhecido como a ascensão de Cristo, conforme narrado no Evangelho de S. Lucas.[51] Esse acontecimento profundamente espiritual é um símbolo da quinta grande iniciação. Quando ocorre a ascensão é porque o iniciado elevou-se acima do plano da humanidade comum, ele alcançou o adeptado tão almejado desde quando se determinou a acelerar seu desenvolvimento espiritual e ingressou na senda que leva à libertação. E assim termina a grande história por mais um período. O processo é, porém, repetitivo e, num novo ciclo mais elevado da espiral evolutiva, Cristo será novamente profetizado, anunciado, nascido e seguirá o mesmo caminho ora traçado, mas numa forma mais elevada e sublimada.

Em que pese o extraordinário valor simbólico da história de Jesus Cristo, por séculos, arqueólogos e pesquisadores das mais diversas orientações políticas e religiosas têm desenvolvido esforços ingentes para achar algum documento oficial relativo à sua história. Mas todo esse empenho tem sido em vão. Até hoje nada foi encontrado sobre esse homem-deus, não há uma única prova, nem mesmo na tradição profana ou entre os historiadores contemporâneos do cristianismo primitivo. Para o esoterismo, Cristo não é um homem. Ele é o espírito, o

[51] "E enquanto os abençoava, distanciou-se deles e era elevado ao céu. Eles adoraram-no e depois voltaram a Jerusalém com grande alegria, e estavam continuamente no Templo, louvando e bendizendo a Deus. Amém." (Lucas 24:50-53).

princípio divino em cada ser humano e o seu verdadeiro salvador. "A vinda de Cristo" significa a presença de Cristo, a prevalência do espírito, num mundo regenerado e não o retorno de Jesus à Terra no seu corpo físico. A pessoa que se liberta de suas paixões terrenas é aquela que ressuscita o espírito crucificado na matéria, o Cristo enterrado profundamente no sepulcro da carne, com suas fraquezas e apetites. Portanto, ressuscitar o Cristo em si mesmo é ter força suficiente para rolar a pedra (a matéria) que impede a saída do espírito do seu santuário interior.

Todo ser humano é dotado de espírito, cada um é um homem-cristo, e aquele que se esforçar e for digno de conhecer os mistérios da *gnosis*, o conhecimento desse Cristo interior, pode ressuscitar dos mortos, isto é, atingir a iluminação espiritual, o evento que possibilita a união da personalidade (o Filho) com o espírito divino (o Pai), o deus dentro de si mesmo. E essa ressurreição ou salvação não é monopólio de uma pessoa ou de uma religião e independe de batismo, orações, sacramentos. Aquele que encontra Cristo dentro de si sabe que este é "o único caminho" e, assim, torna-se um apóstolo de Cristo, mesmo sem ser 'cristão'.

Ao invés de considerar o cristianismo simplesmente uma cópia do mitraísmo, penso que as coincidências entre as duas religiões apenas reforçam o argumento de que o cristianismo, na sua origem, era também uma religião de mistérios, que com o passar dos séculos perdeu suas características iniciais. O próprio Jesus evangélico afirmava o caráter reservado dos seus ensinamentos (ver Marcos 4:11). Aos que desejarem se aprofundar no conhecimento do cristianismo primitivo, recomendo a leitura do livro Pistis Sophia, com tradução e interpretação de Raul Branco[52]. O texto original analisado neste livro é um clássico da literatura esotérica mundial e provavelmente o mais importante documento do gnosticismo. Obra de acentuado caráter oculto, seu conteúdo é riquíssimo e de uma beleza e inspiração extraordinárias, podendo ser considerado um verdadeiro evangelho gnóstico, cuja autenticidade é superior àquela de qualquer documento do cristianismo orto-

[52] (Pistis Sophia - Os Mistérios de Jesus, Ed. Teosófica, Brasília, 2009).

doxo, pois o texto em inglês é uma tradução direta da língua original e não passou pelas mãos de copistas. Há outros dois livros de extraordinária valia para os estudantes que pretendam ter uma visão mais profunda das mensagens e doutrinas cristãs não limitadas pelos dogmas da ortodoxia, são: A Vida de Cristo[53] e O Poder Transformador do Cristianismo Primitivo[54]. Como já procuramos demonstrar, a religião cristã não foi em absoluto uma nova revelação. Ela é parte do desenvolvimento histórico da divulgação da sabedoria eterna, ou teosofia, neste planeta. Esse processo de desenvolvimento vem sendo conduzido por um grupo de instrutores espirituais, os adeptos, referidos no Novo Testamento como "os homens justos tornados perfeitos" (Hebreus 12:23). Santo Agostinho (354-430), um dos mais importantes teólogos do cristianismo ocidental, reconheceu que a fé cristã não era algo inédito, ela apenas dava continuidade a um sistema religioso já existente, tendo afirmado:

> Alguma coisa idêntica àquilo a que agora chamamos religião cristã existiu entre os antigos, e não estava ausente desde o começo da raça humana até a vinda de Cristo na carne, a partir de quando a verdadeira religião, a qual já existia, começou a ser chamada cristã. [55]

Certamente não passou despercebida por Agostinho a ressurgência da religião sabedoria entre 700 a.C. e 300 d.C., quando apareceram grandes líderes que reavivaram o pensamento filosófico e religioso mundial, como Lao-Tse e Confúcio na China; Buda e Shankaracharya (também conhecido como Shankara) na Índia; Zoroastro na Pérsia; Pitágoras, Platão, Sócrates e Aristóteles na Grécia e Amônio Sacas, Plotino e outros neoplatônicos em Alexandria. Nesse vibrante período de renascimento do pensamento filosófico mundial, as escolas de mistérios no Egito e na Grécia continuavam influenciando e iniciando ocultistas e místicos do mundo conhecido, inclusive

[53] (G. Hodson, A Vida de Cristo do Nascimento à Ascensão, Ed. Teosófica, Brasília, 2001).
[54] (Raul Branco, O Poder Transformador do Cristianismo Primitivo, Ed. Teosófica, Brasília, 2004).
[55] Agostinho apud (Hoddson, 2001 - p. 14).

certamente os estudiosos da cabala hebraica e os gnósticos, que contribuíram para formação do conceito de "mistérios do reino" adotado posteriormente pelo cristianismo nascente.

Segundo os evangelhos, Jesus ordenou a seus discípulos que fizessem ou iniciassem novos discípulos, ensinando-lhes diretamente os 'mistérios do reino de Deus', enquanto ao povo em geral, as boas novas deveriam ser passadas de forma indireta, isto é, por meio de parábolas, tal como ele próprio já o fizera.[56] A formação de uma escola de mistérios no cristianismo primitivo fica ainda mais evidenciada na explicação dada por Jesus a seus discípulos do motivo pelo qual falava ao povo por parábolas, quando disse: "Porque a vós é dado conhecer os mistérios do reino dos céus, mas a eles não lhes é dado." (Mateus 13:11).

Certamente, no âmago dos ensinamentos evangélicos estavam aqueles mistérios que deveriam ser explicados segundo o merecimento e a capacidade de cada um. E de que se tratavam esses mistérios? Os mistérios do reino de Deus eram a sabedoria divina, ou teosofia, tal como ensinada nas demais escolas de mistérios. O Apóstolo Paulo confirma de certa forma esse entendimento quando afirma que:

"É realmente de sabedoria que falamos entre os perfeitos, sabedoria que não é deste mundo nem dos príncipes deste mundo, votados à destruição. Ensinamos a sabedoria de Deus, misteriosa e oculta, que Deus, antes dos séculos, de antemão destinou para a nossa glória" (1 Cor 2:6-7).

Ora, 'perfeito' é o grau mais elevado na escala de sabedoria das escolas de mistérios, só atingido por aquele que alcançou a iluminação espiritual, a realização do cristo interior.

A linguagem sagrada das antigas escrituras de todos os povos cumpria basicamente dois propósitos, que também são percebidos nos evangelhos cristãos: o de transmitir os conhecimentos relativos aos princípios e leis fundamentais das emanações periódicas de universos e de tudo que neles se contém e o de apontar o caminho da autoiluminação, obtenível quando o homem se dá conta de que o Deus no universo

[56] Em Marcos 4:33-34, lemos: "E com muitas parábolas tais lhes dirigia a palavra, segundo o que podiam compreender. E sem parábolas nunca lhes falava; porém, tudo declarava em particular aos seus discípulos."

e o Deus no seu interior são o mesmo. A passagem a seguir confirma o entendimento de que 'reino de Deus' é a realização do Cristo interno:

"Sendo Jesus interrogado pelos fariseus sobre quando viria o reino de Deus, respondeu-lhes: O reino de Deus não vem com aparência exterior; nem dirão: Ei-lo aqui! ou: Ei-lo ali! pois o reino de Deus está dentro de vós." (Lucas 17:20-21).

E a pessoa só alcança esse reino quando se torna puro e humilde, como explica Jesus em Mateus 18:1-4.

Santo Ambrósio (340-397), bispo e um dos mais destacados doutores da Igreja, afirmou que o cristianismo tinha trechos tão rasos que uma criança poderia atravessar e profundidades tão grandes onde até mesmo um gigante teria que nadar. O cristão deve definitivamente se conscientizar de que os evangelhos foram escritos na linguagem sagrada da alegoria e do símbolo, e essa linguagem tem diversos níveis de entendimento a serem alcançados segundo a capacidade e o esforço de cada um. E não só o Novo Testamento foi escrito simbolicamente, senão que toda a Bíblia está expressa numa linguagem simbólica e cifrada, cuja chave de entendimento tem que ser buscada com perseverança e sabedoria. Os mais destacados estudiosos do Velho Testamento confirmam essa assertiva. É o que podemos ver, por exemplo, na opinião do eminente talmudista Moisés Maimônides (1135-1204), médico, filósofo e codificador rabínico, que disse:

"Cada ocasião em que você encontra em nossos livros um conto cuja realidade parece impossível, uma história que é repugnante à razão e ao bom senso, então esteja certo de que eles contêm uma imperscrutável alegoria velando uma profunda verdade misteriosa; e quanto maior o absurdo da letra, mais profunda a sabedoria do espírito."

Os elementais, os espíritos elementares e a relação entre eles e os seres humanos[57]

C. H. A. BJERREGAARD[58]
Traduzido por Edilson Almeida Pedrosa

Vou me esforçar para fazer um esboço de alguns ensinamentos da ciência oculta em relação a esses seres, a sua relação com os poderes universais e conosco, e nosso poder sobre eles.

De forma geral, eu não serei capaz provavelmente de dizer nada de novo para os estudantes das forças ocultas da natureza, a não ser nas ilustrações para as quais eu trarei à luz o que eu considero novas fontes, a partir da Monadologia de Leibnitz, como exposto a seguir.

Nas mônadas de Leibnitz, eu acho que podemos ver a própria substância da esfera astral nas quais os espíritos elementares "envolvem-se", conforme afirmado na Cabala. Podemos, além do mais, até considerá-las como os próprios elementais.

Se as mônadas de Leibnitz podem ser consideradas não

[57] Título original: *The Elementals, The Elementary Spirits: And The Relationship Between Them And Human Beings*. Fonte: The Path I – January 1887.

[58] Carl Henry Andrew Bjerregard (1845-1922) nasceu na Dinamarca, onde foi professor de botânica até 1873, quando migrou para os EUA por causa de perseguições políticas (ele tinha sido espião para o exército dinamarquês). Em 1879, tornou-se Chefe da Sala de Leitura Principal na Divisão de Referência da Biblioteca Pública de Nova Iorque, tendo sido considerado um dos principais pensadores do país nos assuntos relacionados ao misticismo. O seu interesse pela vida espiritual pode ser medido pelo grande número de palestras, ensaios e livros que escreveu, os quais lhe deram uma posição proeminente na Sociedade Teosófica. O artigo ora traduzido, provavelmente a transcrição de uma palestra, é citado por Blavatsky nas páginas 335 e 342 do Vol. II de *A Doutrina Secreta*.

apenas como elementais, mas também a própria substância da esfera astral e que, se for assim, de acordo com o Zohar, "os espíritos, quando vêm para baixo, vestem-se com ar, ou envolvem-se em elementos", então torna-se um assunto da maior importância para nós saber como ou por que meios podemos influenciar a esfera astral ou, em outras palavras, por que tipo de mônadas estamos cercados.

Como ajuda na consideração adequada dessa momentosa questão, vou oferecer alguma informação sobre as auras naturais ou esferas objetivas, que nos rodeiam, e também alguns fatos históricos sobre o uso de vapores aromáticos, odores etc.

No momento apropriado, vou dizer algumas palavras a respeito do nosso poder sobre os elementais "revestidos com ar e envoltos em elementos", definindo o poder da mente e descrevendo aqueles pequenos centros nervosos da mão humana, quase desconhecidos, chamados de corpúsculos de Pacini (*Pacinian corpuscles*).

Eu só devo parar para definir essas duas ferramentas, a cabeça e a mão, e deixar de fora, no momento, a terceira ferramenta da trindade humana, o coração.

Depois de definir o poder da mente e da mão, darei ao final algumas sugestões quanto ao uso desses poderes a respeito do assunto em questão.

Espíritos elementares são definidos em *Ísis Sem Véu* como "as almas desencarnadas. As almas depravadas têm, em algum momento antes da morte, separados de si os seus espíritos divinos e, assim, perdem a chance da imortalidade. Eliphas Levi e alguns outros cabalistas fazem pouca distinção entre os espíritos elementares que foram homens e aqueles seres que povoam os elementos e são as forças cegas da natureza."

Os pontos marcantes nessa definição são: (1) espíritos elementares são almas desencarnadas; (2) eles são almas desencarnadas do bem, e (3) dos depravados, i.e., daqueles em que os princípios mais elevados se desenvolveram, nem mesmo vieram à luz. Eles são as sombras de todos aqueles que, por seus pecados e miséria moral, tenham confinado os princípios mais interiores da constituição do homem, e tenham fechado a porta para eles, não tendo parte na vida, mas mais cedo ou mais tarde dissolvem-se e desintegram-se nos elementos circundantes.

Nas manifestações, comuns entre espíritas, os espíritos elementares têm papel destacado. Os elementais não. Vamos nos preocupar principalmente com os elementais.

Elementais são definidos em *Ísis Sem Véu*, como:

> ...as criaturas que evoluíram nos quatro reinos da terra, ar, fogo e água, e chamadas pelos cabalistas gnomos, silfos, salamandras e ondinas. Eles podem ser denominados as forças da natureza, e produzem efeitos como agentes servis da lei geral ou podem ser utilizados pelos espíritos desencarnados, sejam puros ou impuros, e por adeptos vivos de magia e bruxaria para produzir resultados fenomenais desejados. Tais seres nunca se transformarão em homens.

Eles são conhecidos na mitologia popular e nas lendas por muitos nomes, como elfos, faunos, duendes, fadas etc.

Eles não são espíritos humanos desencarnados, mas criações distintas. Eles têm as suas casas na esfera astral, mas são encontrados comumente na Terra.

A partir da definição oferecida em *Ísis Sem Véu*, vou acrescentar algumas linhas com base no que tenho extraído e traduzido de várias obras de Paracelso:

> Todos os elementos têm alma e são vivos. Os habitantes dos elementos são denominados "**saganes**" ('**saganae**'), ou seja, elementos. Eles não são inferiores aos homens; eles diferem dos homens por não terem alma imortal. Eles são os poderes da natureza, ou seja, são aqueles que fazem o que é atribuído geralmente à natureza. Podemos chamá-los de seres, mas eles não são parentes de Adão. Eles comem e bebem as substâncias que servem para ser comidas e bebidas no seu elemento. Eles se vestem, se casam e se multiplicam. Eles não podem ser presos e, não tendo nenhuma alma, morrem como os animais.
>
> Eles sabem de tudo o que está acontecendo e, muitas vezes, revelam-no aos homens que são capazes

> de conversar com eles. Mas eles não são muito confiáveis, e alguns são muito traiçoeiros. Eles gostam de crianças e de pessoas simples que pensam positivamente. Eles evitam os bêbados e os homens bestiais. Eles revelam mais de sua natureza para as pessoas simples e inocentes do que para os cultos e arrogantes. Eles são muito simplórios.
>
> Há mais mulheres entre eles do que os homens, e uma congregação de mulheres é chamado de 'Venus-mount' (montanha-vênus). A fábula a respeito de Tannhauser não é um mero conto, ela é verdadeira.

Até o momento, não tivemos ainda nenhuma dificuldade em seguir Paracelsus, mas quando nos aprofundamos mais em suas revelações, o nosso senso comum não consegue compreender os mistérios revelados. No entanto, vou dizer por mim mesmo, que, embora eu não os possa compreender, posso facilmente apreender tal estado de coisas tal como o descrito nas seguintes palavras:

> Elas podem vir até nós e se misturar com a nossa sociedade. Podem ter filhos conosco; mas essas crianças não lhes pertencem, elas nos pertencem. Podemos trazer essas esposas elementais a nós pela fé, pelo pensamento puro e pelos nossos poderes de imaginação. Quando elas penetram a nossa esfera de existência e copulam conosco, elas parecem, por conta de suas estranhas maneiras, como deusas.
>
> Aqueles que vivem na água são chamados de ninfas ou ondinas; no ar, silfos; os da terra, pigmeus ou gnomos; os do fogo, salamandras. Ninfas ou ondinas parecem muito com os seres humanos, os outros são mais ou menos diferentes.
>
> São especialmente as ondinas ou ninfas que se unem com os homens. Quando uma ondina casa com um homem, tanto ela como seu filho se tornam almas.

A partir da cabala, podemos obter muitas declarações que corroboram o testemunho de Paracelsus. Na verdade, todos os ensinamentos mais valiosos que possuímos sobre os elementais, impressos e entregues ao público, são derivados da cabala. De acordo com ela, toda a atividade, todos os eventos, na história e na natureza, estão nas mãos de espíritos, sejam elementais ou elementares. Vamos encontrá-los ministrando em todos os lugares, do Zodíaco até o verme mais ínfimo. Encontramo-los mencionados pelo nome, naqueles da esfera da *shekinah (sphere of the Shechina*, no original) tanto quanto naqueles que presidem os quatro elementos.

Em Jalkut Chadash, é afirmado que: "Não há coisa alguma no mundo, nem a menor erva, sobre a qual não se estabeleça um espírito."

No trabalho cabalístico *Berith Menucha* (por Abraão, o filho de Isaac, um judeu de Granada), são dados os seus nomes: O espírito que preside fogo é nomeado Jehuel, e sob seu comando, estão sete outros espíritos. Príncipe Michael governa sobre a água e outros sete espíritos. Jechiel governa os animais selvagens, e esses regem abaixo dele. Anpiel rege as aves e dois príncipes governam ao lado dele. Hariel controla o gado, e abaixo dele estão três espíritos. Samniel governa as criaturas da terra e da água; e Mesannahel, os vermes. Deliel e três príncipes comandam os peixes; Ruchiel e outros três, os ventos; Gabriel, o trovão; Nariel, a tempestade; Maktuniel, as rochas; e Alpielthe, as árvores frutíferas; enquanto Saroel, as não frutíferas. Sandolfon governa os homens. Estes nomes são importantes, como vocês sabe, pois são a chave para os respectivos poderes de cada um desses espíritos.

Tal como afirmado em *Ísis Sem Véu*, Eliphas Levi e outros cabalistas fazem muito pouca distinção ou não fazem nenhuma entre elementais e espíritos elementares. Levi não está certo ao fazer isso. Há diferenças essenciais. Os elementais nunca se tornam homens e jamais foram homens. Os espíritos elementares definidos por Levi assemelham-se muitíssimo aos espíritos que são familiares ao espiritismo comum. Vou neste trabalho apenas dar-lhes um tratamento ligeiro e falar principalmente sobre elementais.

A partir da definição já dada, é evidente que os elementais existem em grande variedade de formas, alguns são meras forças da natureza, seres puramente abstratos; outros têm algum tipo de corpo, pelo menos quando falamos de gnomos, silfos, ondinas etc., os quais são representados por figuras mais ou menos humanas.

Na cabala e em outros livros secretos judaicos e outras tradições, os elementais são apresentados como uma raça média de seres, que os judeus chamavam, por um nome geral, de *Schedim* (o macho *Ruchin* e a fêmea *Lilin*). Eles são realmente as ordens espirituais inferiores e residuais. Estão divididos em quatro classes.

1 – O primeiro grupo, os elementais do fogo são invisíveis aos nossos olhos e se destinam a fazer o bem e ajudam os homens muitas vezes. Eles entendem a Torá e comungam com o mundo angélico. São mestres em muitos dos segredos da natureza. Foram esses seres que Salomão empregou, de acordo com as tradições maometanas, na construção do templo. Dizem-nos[59] que "os gênios do sexo masculino ergueram vários edifícios públicos e, dentre outros, o templo. Os gênios femininos ele obrigou a cozinhar, assar, lavar, tecer, fiar, levar água e executar outros trabalhos domésticos. Salomão distribuía as coisas que produziam entre os pobres".

Informações muito curiosas podem ser obtidas a partir dessas tradições maometanas. Salomão, dizem-nos[60], perguntou certa vez a um elemental que lhe aparecera na forma de peixe quantos deles eram daquele tipo, e recebeu a seguinte resposta: "Só da minha espécie há setenta mil tipos, o menor das quais é tão abundante como os grãos de areia no deserto".

Dizem-nos ainda que Salomão, por meio de uma certa pedra, "tinha o domínio sobre o reino dos espíritos, que é muito maior do que o do homem e dos animais e enche todo o espaço entre a terra e o céu. Parte destes espíritos acreditam no único Deus, mas outros são descrentes Alguns adoram o fogo; outros constantemente, o Sol; outros, mais uma vez, as diferentes estrelas; e muitos deles até mesmo a água. Os primeiros flutuam em volta dos piedosos para preservá-los do mal e do pecado, mas os últimos buscam de todas as maneiras possíveis atormentá-los e seduzi-los, o que fazem com facilidade, de vez que se tornam invisíveis ou assumem qualquer

[59] Dr. G. Weil: The Bible, the Koran, and the Talmud.
[60] Ibidem.

forma que queiram.

Salomão desejava ver os gênios em sua forma original. Um anjo apressou-se parecendo uma coluna de fogo pelo ar e logo voltou com uma multidão de demônios e gênios, cuja aparência terrível encheu Salomão de horror, apesar de seu domínio sobre eles. Ele não tinha ideia de que havia tais seres disformes e assustadoras no mundo. Ele viu cabeças humanas sobre o pescoço dos cavalos, com os pés de burro; asas de águia nas costas do dromedário; e chifres de gazela na cabeça do pavão. Espantado com esta união singular, ele orou o anjo para explicar-lhe: "Esta é a consequência", respondeu o anjo, "de suas vidas e relações desavergonhadas com homens, animais e pássaros, porque os seus apetites não conhecem limites; e quanto mais eles se multiplicam, mais eles se degeneram".

2 – O segundo grupo é composto por aqueles do fogo e do ar; eles são inferiores àqueles do primeiro grupo, os do fogo; mas eles são bons e sábios, além de invisíveis. Eles habitam, como o anterior, as regiões superiores.

3 – O terceiro grupo é constituído por aqueles do fogo, do ar e da água; eles, às vezes, são visíveis aos nossos sentidos.

4 – A quarta classe é constituída também por aqueles do fogo, do ar e da água, mas têm ademais de um elemento de terra em sua constituição. Eles podem ser vistos completamente pelos olhos humanos. Essa classe e a terceira são malévolas e enganam os homens, e ficam contentes de nos fazer mal. Elas não têm nenhum senso moral em absoluto. Alguns desses elementais vivem nas águas, alguns nas montanhas e nos desertos, e outros em lugares imundos. Alguns deles são horríveis de se ver e, segundo dizem, são encontrados mesmo durante o dia claro.

As duas primeiras classes mencionadas estão corporalmente próximas dos homens e são muito perigosas. Possuem poderes extraordinários, permanecendo, como estão, entre o mundo o visível e o invisível. Têm algum conhecimento do futuro e são particularmente sábias em relação às coisas naturais. Alguns delas foram adoradas como deuses e divindades nacionais. A cabala é bastante enfática nas advertências contra elas, dizendo que não são confiáveis porque "suas afinidades naturais são com os reinos inferiores de existência, ao invés dos mais elevados."

Todos esses elementais, independentemente da classe a que pertençam, estão sujeitos à dissolução. Suas vidas não estão centradas em um princípio eterno. Eles morrem, e isso é o fim deles.

Também é digno de nota que há um paralelo estreito entre os ensinamentos da cabala sobre este ponto com os do *Vishnu Purana* relativamente à composição de uma ordem decrescente de emanações. De acordo com a cabala, como acabamos de ouvir, os elementais da primeira ordem eram puro fogo; os da próxima eram fogo mais ar; os da próxima fogo, ar e água; enquanto os de ordem inferior constituem-se de fogo, ar, água mais terra. Cada um deles, quando vive em um plano inferior, adiciona um novo elemento à sua constituição. A mesma lei é encontrada nos grupos dos elementos definidos pelo *Vishnu Purana*. O mais puro deles é o éter e tem apenas uma propriedade, o som. O próximo é o ar, que ao som acrescenta o tato; o próximo é o fogo, que ao som e o tato adiciona cor; o próximo é a água, que aos três anteriores adiciona um quarto, o sabor; o último é a terra, que a todos os anteriores acrescenta cheiro, possuindo, assim, cinco propriedades.

A harmonia nos ensinamentos destas duas autoridades, que repousam em tão diferentes bases, é um argumento adicional para comprovar a verdade de seus ensinamentos sobre o assunto principal.

Até aqui tenho falado de elementais no sentido comumente aceito. Mas, parece-me que há outra ordem de seres que também podem ser chamados elementais, embora talvez em outro sentido. Quero dizer os dez sephiroth. A Cabala ensina que o *En-Soph* (o Um sem fim, o Ilimitado) está presente nos *Sephiroth*, ou "inteligências", por meio das quais a criação é efetuada.

Estes sephiroth, "inteligências", ou esferas, como também têm sido chamados, essas substâncias espirituais são emanações do *En-Soph* em que existiram por toda a eternidade. Eles são emanações, e não criações. A criação implica diminuição de força, o que não acontece com a emanação, porquanto os dez sephiroth formam entre si e com o *En-So-*

ph, uma estrita unidade. Eles diferem, de fato, do *En-Soph* da mesma forma como a luz difere de sua fonte, o fogo. Eles são ilimitados sob um aspecto do seu ser, mas, por outro lado, finitos como manifestações. Eles são tanto infinitos como finitos.

Tem-se afirmado que o mundo é como uma árvore gigante cheia de galhos e folhas, cuja raiz é o mundo espiritual dos *Sephiroth*; ou é como um mar imenso, que é constantemente preenchido por uma fonte que jorra eternamente seus rios. O que, portanto, tem sido dito sobre o mundo é aplicável igualmente aos *Sephiroth*. Eles são como árvores enraizadas no *En-Soph*, mas florescem e dão frutos no mundo. Eles são abertos interiormente, mas fechados externamente. Apesar de partilhar a natureza divina, eles estão no lado externo das vestes do Altíssimo. Este seu lado exterior é a sua forma corporal, e é com esta que podemos entrar em contato.

É quase uma blasfêmia chamar de corpo o lado externo dos *Sephiroth* – pois corpo para nós é algo muito inferior. Vamos, portanto, ter o cuidado de acrescentar algo ao corpo quando falarmos dos *Sephiroth*. Vamos nos dobrar e reverenciar, pois estamos na presença do Sagrado, mesmo quando elevamos o pensamento às formas corpóreas dos *Sephiroth*.

Os *Sephiroth*, através do seu poder divino imanente, sustentam o mundo. Eles são as forças elementais do mundo. Através deles flui todo o poder e toda a misericórdia. Sim, *En-Soph* é revelado através dos *Sephiroth* e encarna-se neles. Afirma-se na Cabala que *En-Soph*, através de vários *Sephiroth*, encarnou-se em Abraão como amor, em Isaac como poder, em Jacob como beleza, em Moisés como firmeza, em Aaron como esplendor, em José como fundação etc.

A alma, não obstante a sua ligação com o corpo, se permanece não contaminada e pura, é capaz de ascender ao reino dos *Sephiroth* e "comandá-los". Mas grandes mistérios cercam os segredos relacionados com este poder, e poucos foram aqueles suficientemente piedosos e fortes para serem admitidos a eles.

Que os *Sephiroth* são poderes, "elementais", e não seres individuais é evidente a partir de sua divisão em três grupos de inteligência, animação e matéria.

Cada um dos três grupos é novamente subdividido, o primeiro (1) da coroa ou da altura impenetrável, (2) da sabedoria criativa, (3) da concepção intelectual. O resultado da combinação das duas últimas, a sabedoria criativa e da concepção intelectual, é na cabala chamado de conhecimento (= Logos), o que certamente mostra estes três *Sephiroth* são substâncias espirituais, ao invés de individualidades de acordo com a aceitação comum do termo. Mas não é o suficiente escapar dos erros que poderíamos cair por considerar os *Sephiroth* como individualidades, devemos também tomar cuidado de considerá-los como meras abstrações, que os termos sabedoria e intelecto podem nos levar. Nós nunca chegaremos à verdade e muito menos ao poder da associação com estes seres celestiais, até que voltemos à simplicidade e destemor dos tempos primitivos, quando os homens misturavam-se livremente com os deuses, e os deuses desciam até os homens e os guiava na verdade e na santidade.

O primeiro grupo de *Sephiroth* descansa numa atmosfera tão sublime e tão perto da divindade que nada podemos saber da sua natureza ou atividade.

O segundo grupo de *Sephiroth* exerce o seu poder sobre o mundo moral, e consiste em (1) graça infinita, (2) justiça divina e (3) beleza, que é o elo entre a graça e justiça.

Aqui, não temos novamente que fazer nada com os meros estados morais ou com as abstrações, mas com as incorporações de realidades vivas que se movimentam. Os olhos humanos não podem, no entanto, vê-los nem podem suas mãos tocá-los, pois eles estão muito longe deles, que estão em outro plano de existência. No entanto, aquele que guarda a sua virtude e que conhece a chave da cadeia de existências pode trazê-los para fora de seu próprio reino e em causa própria e levá-los a agir.

O terceiro grupo de *Sephiroth* está para a matéria da mesma forma como os outros dois estão para a mente e o coração, e podem ser chamados elementais por excelência. Eles são chamados de firmeza, esplendor, fundação primária e reino.

Gostaria agora de lhes pedir a sua atenção para descrever as mônadas de Leibnitz. Tais mônadas têm todas as características de elementais, ao mesmo tempo em que parecem ser moléculas puramente físicas. Mas, essa real duplicidade é um argumento para a minha teoria de que a mônada de Leibnitz é uma definição fiel de um elemental. Se pudesse ser provado que elas não são elementais, e eu duvido que isso possa acontecer, elas vão servir, pelo menos, como ilustrações sobre o que é um elemental.

Leibnitz[61] formula sua concepção de substância em oposição direta ao spinozismo. Para Spinoza a substância é morta e inativa, mas, para os penetrantes poderes da mente definidos por Leibnitz, tudo na vida é atividade e energia ativa. Ao sustentar essa visão, ele está infinitamente mais perto do Oriente do que qualquer outro pensador de seu tempo ou depois dele. Sua descoberta de que uma energia ativa constitui a essência da substância é um princípio que o coloca em relação direta com os videntes do Oriente.

O fato de que os principais pontos da filosofia de Leibnitz são derivados dessa concepção de uma energia ativa que forma a essência da substância, torna, para nós, definitivamente confiável esta filosofia.

Da Monadologia de Leibnitz, eu traduzo os seguintes parágrafos:

§1°. "A mônada é uma substância simples que forma aquelas que são compostas, isto é, ela não tem partes."

§2°. "As mônadas são os verdadeiros átomos da natureza, em uma palavra, os elementos de coisas."

Quando Leibnitz fala de átomos, não deve ser entendido que ele é um materialista. Ele está longe disso. De fato, seu sistema foi chamado de atomismo espiritualista. Átomos e elementos são para ele substância e não matéria. São centros de força, ou melhor, "seres espirituais, cuja natureza real é agir." Essas partículas elementares são forças vitais, que não agem mecanicamente, mas a partir de um princípio interno. São unidades incorpóreas ou espirituais, inacessíveis a todas as mudanças vindas de fora, estando sujeitas apenas ao

[61] Leibnitz nasceu em Leipzig [Alemanha], em 1646, e morreu em 1716. De acordo com a Hist. of Phil. de Schwegler, ele era, ao lado de Aristóteles, o erudito mais altamente talentoso que já viveu e, segundo F. Papillon (*Nature e Life*) estudantes modernos de vários ramos da ciência e da filosofia verificaram suas ideias e endossaram-nas em grande medida.

movimento interno. Eles são indestrutíveis por qualquer força externa. As mônadas de Leibnitz diferem dos átomos nas seguintes particularidades, que são muito importantes para serem lembradas por nós, caso contrário não seremos capazes de ver a diferença entre os elementais e a matéria trivial.

Átomos não se distinguem uns dos outros, eles são qualitativamente iguais, mas uma mônada difere de todas as outras; e cada uma é um mundo peculiar por si mesma. Não é assim com os átomos; eles são absolutamente iguais, quantitativa e qualitativamente e não possuem qualquer individualidade. Mais uma vez, os átomos da filosofia materialista podem ser considerados mensuráveis e divisíveis, enquanto as mônadas são meros "pontos metafísicos" e indivisíveis. Finalmente, e este é um ponto onde as mônadas de Leibnitz se assemelham aos elementais da filosofia mística, essas mônadas são seres representativos. Cada mônada reflete todas as outras. Cada mônada, dentro de sua própria esfera, é um espelho vivo do universo. E note isto, ele depende do poder possuído por essas mônadas, e ele depende do trabalho que elas podem fazer por nós: refletindo o mundo, as mônadas não são meros agentes reflexivos passivos, mas espontaneamente ativos por si próprios; elas produzem as imagens de forma espontânea, tal como a alma elabora um sonho. Em cada mônada, portanto, o adepto pode ler tudo, até mesmo o futuro. Cada mônada – ou elemental – é um espelho que pode falar.

Sob certo ponto de vista, as mônadas podem ser chamadas de força. Mas, segundo outro enfoque, ela é matéria. Para a ciência oculta, força e matéria são apenas duas faces da mesma substância.

Tal doutrina é, naturalmente, muito contestada por pessoas da época atual, que pretendem possuir poderes analíticos muito aguçados, mas que são incapazes de conceber a matéria sob quaisquer outras condições diferentes daquelas percebidas pelos nossos sentidos grosseiros.

Aqueles que têm dificuldades intelectuais em ver que *Brahm* é tudo e que tudo é *Brahm* devem tomar esta doutrina em confiança por algum tempo. Um pouco de prática sincera vai levá-los a ver que a verdade não é alcançada por meio da reflexão, mas através da intuição imediata.

Se quiséssemos ver essas mônadas como matéria, não conheço nenhuma comparação melhor do que confrontá-la com aquilo que tem sido chamado de matéria no quarto estado ou condição, uma condição tão distante do estado gasoso quanto este está do estado líquido.

Se quiséssemos ver essas mônadas como força, não conheço nenhuma comparação melhor do que com aquilo que Faraday chamou de "matéria radiante" e que as experiências de Crooke tem demonstrado ser meramente força, ou matéria completamente despojada de todas as características dos corpos cujas propriedades físicas teriam sido tão modificadas que mudaram a sua natureza e aparecem sob a forma de força.

No §8° da Monadologia, Leibnitz declara que "As mônadas têm qualidades – caso contrário, não seriam sequer entidades." As qualidades atribuídas a elas as faz parecer muito com seres vivos racionais. Estou disposto a vê-las como aqueles pequenos seres representados por Raphael como cabeças descansando em cima de um par de asas: a inteligência pura, ou espíritos que ainda não obtiveram a vida física. Se não têm uma alma pensante, eles são, pelo menos, forças que se assemelham à vida. Continuando, Leibnitz (§11) afirma: "Podemos dar o nome de Perfeição (*Entelechies*) para todas as mônadas, na medida em que há nelas uma certa completude ou perfeição. Há uma suficiência que faz delas fonte de suas próprias ações internas e, por assim dizer, autômatos imateriais. "Diz Leibnitz: (§19) "Se optarmos por dar o nome de alma a tudo o que tem percepções e desejos, no sentido geral do que eu acabei de mencionar, todas as substâncias simples ou mônadas podem ser chamadas de almas".

Você vê esses seres infinitesimais serem considerados pelo grande filósofo muito mais como existências inteligentes; e elas ainda estão muito longe de nossas concepções de alma-vida e existência. Elas são como o elemental da cabala: nunca se tornam homens.

Continuando suas definições, ele diz (§60): "As mônadas são limitadas, não no objeto, mas no modo de seu conhecimento do objeto." Isto é, o objetivo não teria nenhum poder sobre elas, mas elas mesmas têm apenas um conhecimento limitado da objetividade, portanto, também um poder limitado. Mas isso não exclui a possibilidade de que sejam os meios de maior influência sobre o mundo objetivo nas mãos de um ser humano inteligente ou espírito. "Todos elas", diz Leibnitz, "tendem (confusamente) para o infinito, para o todo; mas elas são limitadas e diferenciadas pelos graus de distinguibilidade na percepção."

Agora eu cito (§62) uma frase que ecoa a mais bela filosofia do Oriente. Leibnitz viu, tão claramente quanto os velhos adoradores da natureza do primórdio ariano, que "cada mônada representa todo o universo." Esta frase curta é a chave para toda a filosofia mística e de toda a magia; é secunda frases como estas: "Deus habita em todas as coisas em sua plenitude" (verso de Vemana) e "O mundo é a imagem de Deus" (filosofia sufi).

É um erro comum mundialmente crer que Deus e sua verdade só pode ser encontrado no magnífico, no grande, no infinitamente grande.

Em oposição a isso, grande parte da nossa filosofia mística e esotérica aponta para o infinitamente pequeno, declarando que, se nos tornarmos humilde o suficiente para descer até a oficina da natureza, vamos aprender mais com os "átomos no espaço", nos quais Deus deixou cair um "feixe de sua glória", do que em todos os magníficos sistemas de aprendizado. Ouça o que o próprio Leibnitz diz, embora ele não seja um místico. Ele poderia ter sido, pois sua intuição era verdadeiramente notável. Ele declara (§66): "Há um mundo de criaturas, de coisas vivas, de animais, de perfeição das almas na mínima porção de matéria." (§ 67) "Cada partícula de matéria pode ser concebida como um jardim de plantas ou como um lago cheio de peixes – todos fervilhando de vida!"

Lembre-se disso, que eu não estou falando de átomos de matéria, mas de átomos de substância, as unidades reais, os primeiros princípios da composição das coisas. O próprio Leibnitz, além de chamar de mônadas estas unidades corpusculares, também as chamou pontos metafísicos, e Scaliger chamou-as sementes da eternidade, e um poeta persa colocou muito claramente antes de nós que um átomo não é uma unidade, dizendo: "Parta um átomo, e você vai encontrar-se nele um sol." Aqui está o cerne de nosso tema, a substância de um átomo no espaço é o depósito das forças imanentes das quais os elementais e os espíritos elementares, em certa medida, têm acesso e por meio da quais eles trabalham.

Este ponto de vista é totalmente corroborado por um representante da ciência moderna, Sir John F. W. Herschel, que se aproximou muito dos ensinamentos da ciência oculta, ao reconhecer a presença de espírito nos átomos. Na Fortnightly Review de 1865, Sir John Herschel declarou o seguinte: "Tudo o que foi predicado sobre os átomos, 'os queridos bichinhos', como disse Hermione, todos os seus ódios e amores, suas atrações e repulsões, de acordo com as leis primárias do seu ser, só se torna inteligível quando assumimos a presença da mente."

Essas várias definições de mônada fornecidas por Leibnitz correspondem em muitos pontos importantes exatamente ao que encontramos nos ensinamentos ocultos sobre os elementais, e eu não posso ver nenhuma boa razão por que não devemos olhar para a Monadologia de Leibnitz como uma obra sobre elementais.

Terminamos realmente com ele no que diz respeito ao nosso assunto, mas antes de abandoná-lo para se voltar para outra sabedoria, permitam-me citar mais algumas passagens, embora elas não tenham relação direta com o assunto das mônadas. Ele diz (§83-86): "Dentre outras diferenças que distinguem espíritos de almas comuns, há também o seguinte: 'que as almas em geral são espelhos vivos ou imagens do universo das criaturas, mas os espíritos são, além disso, imagens da própria divindade, ou do autor da natureza, capazes de perceber o sistema do universo e de imitar algo dele por intermédio de experiências arquitetônicas, cada espírito sendo, por assim dizer, uma pequena divindade em seu próprio campo. Por conseguinte, os espíritos são capazes de entrar em uma espécie de comunhão com Deus. Todos os espíritos constituem a Cidade de Deus, isto é, o estado mais perfeito possível, sob o mais perfeito dos monarcas. A Cidade de Deus, essa monarquia verdadeiramente universal, é um mundo moral dentro do natural; e é o mais exaltado e mais divino dentre as obras de Deus".

Arte como um fator de evolução da alma[62]

C. JINARAJADASA
Traduzido por Mariléa de Castro

Toda arte de verdade é a alma desimpedida do fato.[63] (Carlyle)

É difícil definir a teosofia numa frase. Mas, se isso nos fosse pedido, talvez o melhor que poderíamos dizer é que ela estabelece uma forma de olhar para o universo e o homem do ponto de vista de seu criador. Olhar para todas as coisas da perspectiva de Deus e não do homem: eis a dádiva que a sabedoria divina confere àqueles que a estimam.

Portanto, não há nada na vida que não seja interessante para o teosofista: a partícula de poeira no solo e as nebulosas brilhantes do céu, que irão formar sistemas solares; a minúscula célula, com seus mistérios não revelados, e os irmãos maiores de nossa raça, que são a glória da humanidade, – todos têm uma mensagem e revelam-lhe algo da teosofia. Ciência, arte, religião e filosofia, todos os ramos possíveis do conhecimento são apenas meios pelos quais ele consegue um relance da sabedoria divina, que é a manifestação da mente de Deus.

Com essa síntese antiga e sempre atual dos fatos da vida para dirigir-lhe a visão, o homem contempla o universo com outros olhos; tem nas mãos a chave para o mistério do uni-

[62] 'Art as a Factor in the Soul's Evolution', Adyar Pamphlets n° 50, from the Proceedings of The Federation of The European Sections of The Theosophical Society, London 1905, Theosophical Publishing House, Adyar, Madras, India, fev. 1915.
[63] "All Real Art is the Disimprisoned Soul of Fact", no original.

verso. Mesmo depois de retirar véu após véu, ainda restarão outros e mais outros, e cada um que se ergue torna ainda mais gloriosa a sua visão.

Com a primeira percepção verdadeira do sentido real da existência que advém do estudo da teosofia em sua versão atual, três fatos se colocarão com veemência diante da consciência humana. O primeiro deles é que em todo o universo, em qualquer ponto concebível do espaço, e ao mesmo tempo além dele, existe uma consciência, e que o universo visível e invisível é a expressão de sua vontade. Podemos chamá-lo pelo nome que quisermos, a realidade é a mesma: Deus, Espírito Absoluto, Lei Divina – são apenas diversas formas de conceber essa verdade. Podemos conceber Deus, a consciência única por trás de tudo, como muitos filósofos: o puro Ser; ou como o Eternamente Santo da visão religiosa. O objetivo deste texto é ressaltar a importância de um outro aspecto dele, o da Beleza Infinita.

Esse é o aspecto que o divino Platão revelou ao mundo. E os poucos que seguem a filosofia mística dos sufis na Pérsia e na Índia atestam ainda hoje que não foi totalmente esquecido.

Além disso, essa consciência ou ser divino manifesta-se no universo, segundo nos é dito, como uma trindade ou atividade trina, simbolizada de vários modos nas grandes religiões. Dessas várias trindades, que são símbolos, elegemos uma para os objetivos deste texto: a de poder, sabedoria e mente. Geralmente essa trindade é concebida como poder, sabedoria e amor. Mas, aqui substituímos amor por mente, pelas razões que se seguem. Da maneira que utilizamos os termos aqui, existe uma diferença entre mente e sabedoria. A mente é aquilo que reúne os fatos da consciência, analisa-os, sintetiza-os, e assim aos poucos chega a certas conclusões, e finalmente à generalização. Pela atuação da mente chega-se ao conhecimento, que é diferente de sabedoria. A sabedoria, porém, não analisa nem sintetiza. O objeto ou lei é conhecido por outro processo, cuja tênue manifestação entre nós atualmente é a intuição; é o conhecimento obtido de dentro e não de fora. Quando a sabedoria atua, por um instante a dualidade entre o conhecedor e o objeto conhecido cessa, e um novo elemento de consciência é obtido do interior.

Sabedoria é, então, o segundo aspecto da Trindade. Na

realidade, porém, a Sabedoria é, para nossa consciência, um lampejo que oscila entre a beleza e o amor. Pode-se obter o conhecimento de uma coisa ou pessoa pela atuação da mente, da razão, do raciocínio. Mas, a sabedoria a respeito disso surge quando, através de um lampejo daquilo que para nós é o amor, acontece uma identificação momentânea do conhecedor com o conhecido e, com isso, a percepção do modelo ou arquétipo, o belo-em-si-mesmo, do qual a coisa conhecida é uma manifestação particular. A beleza, portanto, não pode ser separada do amor, nem o amor da beleza, pois são as manifestações duais inseparáveis, no tempo e no espaço, da sabedoria.

O segundo grande fato compreendido com a verdadeira visão da vida é que tudo no universo é dirigido pela inteligência. Tomamos consciência de que o esquema de vida e atividade a que chamamos evolução é o resultado de uma diretriz consciente, e que essa diretriz se insere num plano criador por uma mente suprema. Sob essa visão, os fatos da evolução assumem novo significado, pois a evolução consiste na realização, em nosso plano de consciência, deste divino plano. Portanto, a natureza não está agindo cegamente para produzir formas que irão se adaptar às mudanças de condições, mas é o caos que está sendo lenta e laboriosamente moldado num cosmo, de acordo com um modelo que existe desde o começo de tudo.

Esse modelo é o Mundo das Ideias de Platão, no qual existem os arquétipos das coisas. Em um de seus aspectos, é o mundo das coisas-em-si-mesmas, de Kant, fora do espaço, do tempo e da causalidade. É também a Mente Divina de Berkeley. O que o conceito geral é para o particular, tal é a relação entre o mundo arquetípico e o nosso mundo de tempo e espaço.

Antes do começo da evolução, a mente divina concebe os arquétipos das formas nas quais a vida divina irá se manifestar. Mas, antes que a consciência humana, que é uma expressão desta vida, possa existir em plena autoconsciência no arquétipo, ela precisa lentamente se tornar consciente, numa escala inferior, das diversas manifestações deste arquétipo. Consideremos por exemplo, o que parece ser um fato evidente, que faz parte do esquema evolutivo humano que a alma deva ser revestida no futuro por uma forma ideal perfeitamente bela e que seja uma plena expressão da vida interior. A mente divina concebe a forma arquetípica, e assim ela existe como uma realidade absoluta no mundo das ideias. Entretanto, um longo processo evolutivo tem que se desenrolar antes que esse objetivo seja alcançado, e que a alma humana, em consciência plena, possa adotar a própria forma arquetípica como veículo. Primeiro, o arquétipo é trazido do mundo das ideias para regiões inferiores. Quando isso ocorre, o arquétipo, que constitui a realidade por trás de um conceito geral, manifesta-se em seguida de diversos modos. E as formas serão construídas na matéria tendo estas manifestações particulares como modelos.

Além disso, conforme a autoconsciência da alma humana desenvolve-se inicialmente nos reinos inferiores da matéria, aqueles tipos particulares irão aparecendo. Eles talvez não sejam facilmente reconhecíveis como particulares, pois a matéria virgem é difícil de ser moldada, e as formas serão as mais rudes e grosseiras. Mas, raça após raça, as inteligências diretoras vão modificando estas manifestações grosseiras, uma após outra, para aperfeiçoá-las. E, desse modo, a consciência humana é ensinada a passar de um veículo de certo tipo para outro e, assim, lentamente, para a vida do próprio arquétipo.

Portanto, essa é razão pela qual, quando se considera a forma humana, pode-se traçar seu longo trajeto entre os vertebrados inferiores e o seu planejamento em formas ainda mais antigas. A lenta e laboriosa marcha da evolução através de um reino da natureza a outro e, no reino humano, de uma raça a outra, é apenas o ato de ensinar a vida divina, que em nosso estágio é a alma humana, a crescer em poder, até que seja capaz de existir na forma arquetípica e, assim, erguer-se diante de Deus, como seu filho perfeito.

Do mesmo modo, tal como existe um veículo perfeito da consciência humana, que é a forma arquetípica para a qual estamos caminhando, existem também arquétipos por trás de todas as coisas, sejam formas, emoções ou pensamentos. E o trabalho da evolução é treinar o homem para viver nessas ideias e emoções arquetípicas, e não em seus reflexos particulares, realizando, assim, a sua divindade.

Foi dito que três fatos se apresentam claramente ao estudante de teosofia. Deles, já mencionamos dois: o primeiro, que no universo existe, por trás de toda a energia e matéria, uma consciência onipresente e eternamente benéfica, chamada por qualquer nome que desejarmos e, o segundo, que esta consciência, no início de tudo, criou um plano, e de acordo com ele toda a evolução é dirigida. O terceiro decorre destes dois: que é dever do homem compreender esse plano e atuar em harmonia com ele, pois somente nisso se encontram seu progresso e felicidade. A compreensão desse plano e a atuação harmoniosa com ele constituem o tema deste artigo, mostrando de que forma a arte pode ser um meio para isso.

O homem, o filho de Deus, foi criado à imagem deste Deus e, tal como existe uma manifestação trina na unidade da consciência divina, há também no homem três aspectos similares. A divina trindade de poder, sabedoria e mente – Pai, Filho e Espírito Santo – tem seu reflexo no homem como espírito, intuição e inteligência. Durante o desabrochar da alma, a expansão da consciência começa de baixo, e assim a primeira a se manifestar no homem é a inteligência. Depois, vem o que é designado pelo termo intuição, que inclui não apenas um sentido de unidade através do amor, mas também a essência da inteligência. E, por fim, quando o homem se acerca da perfeição, o espírito manifesta-se com todo o seu poder, contendo em si tudo o que era a vida e a alma da intuição e da inteligência.

O dever do homem é trabalhar com o plano divino. Mas de início, a alma do homem é escassamente consciente, com pouca inteligência, e ele se acha unido com muita força a um corpo animalizado, que foi construído lentamente para ele através das idades, por meio do longo processo da evolução. O corpo e suas energias são o veículo da alma, mas provieram do reino animal, trazendo consigo as tendências animais de autoafirmação e egocentrismo e o forte instinto de lutar pela existência e autopreservação. Se nesse estágio o homem fosse deixado sozinho para evoluir por si mesmo, seu progresso seria infinitesimal e, na verdade, haveria muito mais um retorno à brutalidade animal que a evolução rumo às virtudes humanas.

O homem, porém, não é deixado sozinho para evoluir. Instrutores e legisladores, os homens evoluídos de épocas anteriores, com o conhecimento do plano divino, aparecem e dirigem o crescimento das almas dos homens. De início, um elemento de medo aparece largamente nas regras de orientação, porque a única coisa que o selvagem sabe é que a dor tem que ser evitada. Ele tem apenas a inteligência agindo em si, e é somente a ela que se pode apelar. E as regras de orientação são de tal natureza que mesmo sua fraca inteligência pode aceitá-las, percebendo que, de acordo com elas, a transgressão e a dor surgem em rápida sucessão. Contudo, existe nele a intuição, uma faculdade mais elevada que a inteligência; é fraca, apenas uma fagulha recém-saída da chama. Ela é um fator muito mais potente da alma que a inteligência e, mesmo nesse estágio selvagem inicial, ocorre um apelo a essa divindade nascente do seu interior. Em decorrência, são-lhe ensinados preceitos de altruísmo, que se mostram mais falsos que verdadeiros dentro da limitada experiência da inteligência incipiente, tais como 'o ódio só se extingue com o amor', 'responde ao mal com o bem', 'ama teus inimigos'. E verifica-se que em quase todas as comunidades primitivas existem ou existiram esses ensinamentos de altruísmo, atribuídos geralmente a algum herói mítico ou a um deus.

Não devemos esquecer o fato de que o ser humano, mesmo no estágio mais baixo, possui dentro de si algo que consegue responder intuitivamente ao mais elevado código de ética e aceder a isso, embora seja quase impossível colocá-lo em prática. Isso é o que mostra a possibilidade de uma alma humana evoluir através do bem para chegar a possuir com perfeição e energia todas aquelas qualidades do coração e da mente que em geral são fortalecidas, mas não oriundas, da luta contra a tentação e o mal. "Existe uma melodia natural, uma obscura fonte, em todo coração humano. Pode estar escondida e totalmente oculta e silenciada, mas está ali. Na própria base de vossa natureza encontrareis a fé, a esperança e o amor. O que escolhe o mal recusa-se a olhar dentro de si, fecha os ouvidos à melodia de seu coração, e cerra os olhos à luz de sua alma. Faz isso porque acha mais fácil viver com os desejos. Mas, subjacente a toda a vida, há um caudal poderoso que não pode ser percebido; em verdade, as grandes águas ali se encontram".

Lentamente o homem evolui através da experiência. De início, são necessárias muitas experiências para lhe ensinar uma única lei. Ele possui apenas a inteligência para usar e passa através de muitas experiências isoladas até que surja em sua mente a generalização daquilo que é a norma de conduta ou a verdade da natureza. Vida após vida ele vive na terra fazendo lento progresso, sintetizando lentamente, uma de cada vez, as leis imutáveis das coisas. A princípio, arrastado pelo ímpeto dos desejos de sua vestimenta terrena, torna-se injusto para com os outros e, com isso, colhe muito sofrimento, que é o resultado de sua injustiça para com os demais. Mas, lentamente, surge em sua mente a ideia da justiça como uma lei para seu ser. E ainda, escravo da vontade de viver e com uma sede feroz de sensações, cai nos extremos, saindo dos excessos de um tipo de sensação ou emoção para cair nos de outro, sofrendo muito nesse processo e aprendendo pouco. Mas, gradualmente, como consequência de suas experiências de prazer e de dor, desperta dentro dele uma outra lei do ser, a temperança. De forma análoga, recusando-se a reconhecer os justos limites que lhe são impostos pelas leis eternas, leva sofrimento a outros com a impaciência para obtenção do que não lhe é ainda devido, por causa disso e, em consequência, ele mesmo sofre, mas lentamente aprende a ter paciência: paciência para planejar e encontrar-se e para sofrer sem se queixar.

Cada uma das virtudes que o homem aprende através de suas muitas vidas torna-se uma lei para o seu ser. É uma generalização a partir de muitas experiências particulares, mas uma vez realizada, torna-se sua para sempre, uma parte dele mesmo. E à medida que generaliza, ele tem um relance do plano divino, no qual as generalizações existem como ideias arquetípicas.

Assim, vemos o método usual da evolução: o homem aprende as virtudes imortais através da experiência. Mas a experiência é uma mestra lenta, pois são necessárias muitas experiências particulares, requerendo talvez muitas existências na Terra para instilar uma verdade na alma humana. Será esse o único método de construir em nossa natureza interior as virtudes de lealdade, honra, pureza, sinceridade e outras? Se não houvesse outro método, a evolução conseguiria muito pouco à custas de muita energia desperdiçada.

Existe, porém, um outro modo. O homem não possui apenas a faculdade da inteligência. Existe outra mais elevada, da intuição, e Buddhi é o nome que lhe damos nos estudos teosóficos. Beleza e amor constituem sua dupla manifestação, mas ela desperta por meio de qualquer um dos dois. Portanto, quando o homem vive suas existências na Terra e ama as pessoas com quem se relaciona, Buddhi, a alma da intuição, cresce dentro dele. O amor, na verdade, manifesta a imortalidade interior, pois é um anseio pela posse perene do bom e do belo.

Esse, portanto, é um novo fator de auxílio à sua evolução. A intuição transcende a razão. Sabedoria resulta do seu exercício, não apenas conhecimento, como o proveniente da mente. A intuição sintetiza do interior e não do exterior, não a partir de vários casos particulares, mas captando o próprio arquétipo. Vemos assim um novo método para adquirir as virtudes, por meio de seus arquétipos, as próprias ideias divinas, um método pelo qual a evolução pode ser acelerada por antecipar a experiência. O homem, a partir daí, começa a viver no eterno.

Agora podemos compreender o papel da arte como um fator de evolução da alma. A arte, em suas mais elevadas manifestações, sempre lida com os arquétipos. "Sua única fonte é o conhecimento das ideias; seu único objetivo a transmissão desse conhecimento" (Schopenhauer). A música, o teatro, a poesia, a escultura, a pintura e os outros ramos da arte, enquanto nos mostram tipos de vidas e formas, são verdadeiras manifestações da arte; e quando não chegam a isso, estão apenas brincando com sombras fugazes.

As ideias divinas são arquétipos das coisas naturais, dos objetos e formas que se manifestam no ordenado processo da natureza como resultado das forças invisíveis que dirigem a evolução; a beleza deles é um reflexo da beleza dos arquétipos. Existem, contudo, muitas ciosas manufaturadas pelo homem que podem ser belas: belos desenhos e ornamentações, obras em prata e ouro.

Não quer dizer que, pelo fato de postularmos a existência da ideia, ou arquétipo, de um objeto natural, como uma árvore ou uma flor, tenha que existir necessariamente um arquétipo para um objeto artificial, manufaturado, como uma cadeira, uma mesa ou um livro. Nada obstante, eles podem ser belos, se neles o artista procurou expressar reflexos de diversos conceitos do mundo arquetípico, como graça, ritmo, harmonia.

Quando o artista lida com um objeto natural, deve tentar

sentir o arquétipo. Se ele pinta uma rosa, deve nos sugerir, por meio dessa espécie, o conceito específico de uma rosa, e assim a ideia arquetípica de flor, um conceito eterno. Quando pintar uma mão – quanto mais nos sugerir a mão arquetípica, mais bela será ela. Aqui vemos o verdadeiro significado do gênio. É a capacidade da alma humana de entrar em contato com o mundo das ideias. Mas não é apenas o artista que é um gênio: o filósofo com suas amplas sínteses, o santo de coração puro em sua contemplação elevada, o amante que por meio do amor humano se eleva para o divino, todos vivem em um reino onde "a eternidade confirma a concepção de uma hora, pois gênio é o poder de expressar às incansáveis formas da criação que existem potencialmente na mente do Criador."

A verdadeira função da arte é nos colocar em contato com os conceitos arquetípicos, e a verdadeira arte, na realidade, o faz. A escultura nos fala da graça, aquela "relação da pessoa que age com a ação" e nos revela a ideia da figura. A pintura nos mostra mais o tipo da mente e , ao retratar paixões e emoções, mostra a alma em sua alternância entre o querer e o saber; a pintura histórica, por meio de determinados indivíduos que auxiliaram nossa raça com a nobreza de sua conduta, sugere-nos tipos de homens e mulheres; retratos, embora mostrem fidelidade ao pintar pessoas vivas, só serão grandes quando por meio da pessoa na tela for sugerido um tipo, às vezes apenas a manifestação peculiar de um arquétipo da humanidade. As paisagens talvez nos levem mais próximo do mundo das ideias, através do belo na natureza. Pode ser a simples imagem de um crepúsculo, mas o artista será grande se, por meio da harmonia da luz e da cor, puder sugerir à nossa intuição o crepúsculo arquetípico, com muito mais dimensões do que podemos perceber agora. Com pinturas de mares e montanhas, lagos e vales, podemos aprender a ver a natureza como ela é, o espelho da mente divina.

A poesia tem muito em comum com a escultura e a pintura. Ela lida com conceitos, expressando-os com a música das palavras, com a métrica e o ritmo como um véu que desperta nossas intuições mais profundas a fim de dar-lhe suporte. O verdadeiro poeta reflete as ideias arquetípicas no espelho de sua própria experiência, real ou imaginária. Ele contempla o mundo, e o seu gênio lhe permite ver os reflexos do arquétipo ao seu redor, e nos fala da alegria e da tristeza, da esperança e do desespero, do particular e do universal, do coração de todos os homens. Apresenta-nos as verdades permanentes que muitas vezes desaparecem na análise crítica da mente inferior. Na poesia épica, o poeta apresenta os heróis da antiguidade como tipos humanos, e um Ulisses ou um rei Artur, atuando em seu próprio contexto, nos fazem sentir vagamente que deve haver e sempre haverá homens assim no meio de nós. Na poesia lírica, o poeta, tornando-se um espelho para refletir emoções típicas em outros, sentindo-as como suas, canta os homens como os vê com aquele olhar maior e diverso do nosso. Parte inferior do formulário

Nenhum ramo da arte, talvez exceto a música, pode fazer o homem elevar-se a níveis mais altos que o teatro, pois ele mostra o conflito interior do homem. O verdadeiro dramaturgo fixa-se em reflexos transitórios de arquétipos da humanidade, materializa-os e, depois, os faz viver no palco. E através desses tipos ele faz vibrar notas profundas da humanidade – a dor não expressa, as tentações que assaltam as criaturas, seus fracassos e sucessos, o destino que faz o efeito seguir-se inexoravelmente à causa e a purificação da alma humana por meio do autossacrifício. Durante algumas horas esquecemo-nos de nós mesmos e, como os deuses, observamos os homens em suas lutas. Contemplamos a vida, imparcial e impessoalmente através desses personagens no palco e começamos a compreender a vida como ela é e não como achamos que é. Quanto mais o dramaturgo, em sua criação, chegar próximo de criar tipos humanos, maior será ele. Os tipos humanos de homens e mulheres de Ésquilo e Sófocles, os que o gênio prolífico de Shakespeare criou, Tannhauser, Wotan, Brunnhilde, Siegfried, Amfortas, Kundry e Parsifal da mente de Wagner – todos esses sempre pertencerão à humanidade; e nosso conhecimento deles nos dá uma visão mais ampla da vida. Vendo suas experiências, nós antecipamos também as nossas e, assim, apressamos a evolução e seguimos mais rápido para a meta. Contemplando o mundo através dos olhos do autor, podemos nos tornar nós mesmos, "serenos criadores de coisas imortais".

Com a arquitetura e a música chegamos, como na pintura de paisagens, às manifestações mais impessoais da arte. A arquitetura e a música são estreitamente ligadas, e o conceito da arquitetura como música congelada" revela essa relação. A arquitetura é a harmonia no espaço assim como a música é a harmonia no tempo. Uma grande obra de arquitetura é como uma forma de pensamento musical que desce do alto e se materializa em pedra. Ela nos coloca em contato com o mundo das ideias mostrando-nos as leis da proporção – visíveis não só naquele edifício, mas também em todo o universo – trazendo-nos os conceitos de gravidade, rigidez, ritmo, harmonia, fazendo-nos perceber "as notas graves da natureza".

Mas o que dizer da maior de todas as artes – a música? De uma forma que não é possível a outros ramos da arte, a música faz-nos sentir a imortalidade. Fala-nos diretamente do mundo arquetípico, de coisas deste mundo sem os véus; fala-nos da tristeza, não a minha ou a sua, mas da tristeza em si – a "tristeza de Deus", se quiserem; do amor, não o meu ou o seu, não deste ou daquele indivíduo, mas o amor do Amor; pois a música é a alma da arte e nos fala com a linguagem divina.

> A tristeza é difícil de aguentar, e a dúvida lenta para se aclarar,
> Cada sofredor diz o que acha, seu esquema do bem e do mal:
> Mas Deus tem uns poucos de nós a quem Ele sussurra no ouvido;
> O resto (os outros) pode pensar e dar as boas-vindas: isso nós os músicos sabemos.

Então, a verdadeira arte sempre evocará uma resposta no homem, de sua intuição mais elevada, *buddhi*, cuja herança é o mundo arquetípico. Sempre sugerirá algo do mundo das ideias. A arte, sob essa perspectiva, é sempre didática, nunca pode ser outra coisa. Não necessariamente nos ensinará conceitos de ética, mas sempre mostrará à nossa intuição como olhar para o homem e o mundo com a perspectiva de Deus, ou seja, com suas verdadeiras relações. Irá nos ensinar a banir o ego, o verdadeiro objetivo da ética, da religião e da filosofia. A arte, portanto, é um meio de acelerar *buddhi*, de onde vêm as generalizações rápidas do significado das atividades da vida e o apressar da evolução.

A arte pode auxiliar a evolução do homem ainda de outra

forma. Mas, mais cedo ou mais tarde, chega um momento na vida imortal da alma em crescimento em que se dá uma mudança interior. A vida perde seus velhos atrativos para ela, que busca algo mais duradouro do que o mundo lhe pode oferecer. Chegou ao final da senda de ida, e começa a trilhar a senda de retorno. Há uma reversão de motivos, e ela anseia por coisas eternas.

Se a criatura, em suas vidas anteriores, amou o belo, não meramente através dos sentidos, mas através da intuição, então, lentamente, sem transições violentas e sem grandes lutas interiores, ela ultrapassa a vida mundana e ingressa num caminho mais elevado. A senda mais alta não é tão radicalmente diversa daquela menos elevada onde era agradável viver e amar as coisas belas. A mais elevada é apenas a mais baixa transformada em outra de total beleza e felicidade, sem a impureza da mortalidade que faz todas as coisas que se ama transitórias, logo ficando longe de nosso desejo. Na verdade, pode-se dizer dessa nova vida de beleza eterna:

Colhi uma rosa, e olhe! Não tinha espinhos.

Além disso, à medida que o homem cresce na direção da vida plena através da arte, ele cresce de dentro para fora, como a flor, com um desenvolvimento harmonioso de todas as faculdades da alma, sem perder em amplitude o que ele ganha em intensidade. Ele cresce para ser uma alma harmoniosa e musical. Ele trilha, pronta e seguramente,

O caminho do meio, cujo curso
A razão clara traça e a doce quietude acalma.

Não mais uma criatura que vacila entre humores variados, sua nota-chave de caráter será *moderação*, temperança, mente sã e coração saudável; e pelo amor à ciência e à boa filosofia, ela aprenderá a unir todos os sentimentos e ideias humanos "em um feitio imortal de perfeição".

Ainda mais maravilhoso que tudo isso é a visão que ele obtém do plano divino; torna-se um conhecedor da natureza íntima das coisas; sente e pensa os arquétipos, o verdadeiro ideal de emoções e pensamentos. Por intermédio deles, percebe que forma pode se tornar um coparticipante com Deus, como pode ser um mensageiro de Deus na Terra, para falar do céu. Maior felicidade que essa não é possível ao homem, e é a isso que ele chega através da arte.

Contudo, a arte não é o fim. O ser humano possui em si um aspecto mais divino que a intuição: é *atma*, o espírito. Pelo exercício da intuição, o espírito se revela; e o que a arte representa para a opaca visão da vida do homem não evoluído, o espírito é para a arte. Disso nada sabemos. Todavia, talvez possamos perceber um reflexo desse desconhecido nas vidas de um Buda ou um Cristo. Todas as ações deles não têm uma marca arquetípica, brilhando com muitos sentidos em nossas mentes? Não parecem viver vidas que são simbólicas, com cada evento de suas existências sendo um símbolo de alguma profunda verdade viva na mente eterna do Supremo? Não será desse aspecto da vida que a arte representa apenas o limiar?

Quem, senão o maior dos artistas, pode nos dizer daquele gloria que nos será revelada? Todavia, enquanto não chega esse dia, temos a arte para guiar-nos no caminho. *Die Kunst, o Mensch, hast du allein.* Arte dirigirá os sentimentos do homem, em vez de os seguir, torná-lo-á livre de vontade, à imagem de seu Criador. A arte é a vida em sua máxima intensidade, e revela a beleza e o valor de todas as atividades humanas. No entanto, a missão da arte será, agora e sempre, a de mostrar ao homem que a vida, mesmo em sua plenitude, é como "uma cúpula de vidro multicor" que reflete apenas débeis raios da "branca luz da Eternidade".

O adepto nega a teoria nebular?[64]

HELENA P. BLAVATSKY
Traduzido por Edilson Almeida Pedrosa

Resposta: – Não. Eles não negam suas proposições gerais nem as verdades aproximadas das hipóteses científicas. Eles só negam a inteireza das hipóteses atuais, bem como o erro cabal das várias teorias antigas consideradas "desacreditadas" que, durante o último século, seguiam-se umas às outras numa rápida sucessão. Por exemplo: apesar de negar, acompanhando Laplace, Herschel e outros, que as manchas de luz variáveis observadas no fundo nebuloso da galáxia nunca pertenceram a mundos remotos em processo de formação; e, concordando com a ciência moderna, elas não procederam de nenhuma agregação de matéria informe, mas pertencem simplesmente a grupos de "estrelas" já formados. Eles acrescentam ainda que muitos desses agregados que passam por estrelas e mundos já evoluídos na opinião dos astrofísicos são, na verdade, coleções de vários materiais prontos para mundos futuros. Como tijolos já cozidos, de várias qualidades, formas e cores, que não são mais barro sem forma, mas que se tornaram unidades apropriadas a uma futura parede, cada um deles devendo ocupar um espaço fixo e claramente assinalado em alguma construção por fazer, são aqueles mundos aparentemente adultos. O astrônomo não tem meios para reconhecer a relativa adolescência daqueles materiais, exceto, talvez,

[64] Do *The Adept Deny The Nebular Theory?*, artigo de H.P.Blavatsky, publicado em *Five Years of Theosophy*, pp. 245-251, Londres 1885, como uma seleção de artigos de *The Theossophist*; republicados pela Theosophy Co. - Los Angeles, California, USA, 1980.

fazendo uma distinção entre os aglomerados de estrelas com o movimento orbital e gravitação mútua de costume e aqueles denominados, como acreditamos, aglomerados estelares irregulares de aparências muito caprichosas e mutáveis. Arremessados juntos como se ao acaso, numa aparente violação absoluta da lei de simetria, eles desafiam a observação: como estão, por exemplo, 5 M. Lyrae, 52 M. Cephei, Dumb-Bell e vários outros. Antes que seja tentada uma contestação enfática do que precede e do talvez ridículo oferecido, não seria impróprio verificar a natureza e o caráter daquelas outras estrelas chamadas "temporárias", cuja periodicidade, embora nunca realmente comprovada, ainda passe por inquestionável. O que são essas estrelas que, aparecendo de repente com magnificência e esplendor incomparáveis, desaparecem tão misteriosa quanto inesperadamente sem deixar um único vestígio para trás? De onde eles aparecem? Aonde elas mergulham? Na grande profundeza cósmica, nós dizemos. O brilhante "tijolo" é pego pela mão do pedreiro, dirigida por aquele Arquiteto Universal que destrói, mas para reconstruir. Foi encontrado o seu lugar na estrutura cósmica e irá realizar a sua missão na sua derradeira hora manvantárica.

Outro ponto negado muito enfaticamente pelos "adeptos" é que existam espaços vazios de mundos estrelados em toda a extensão dos céus visíveis. Apesar de tudo o que os físicos sabem, existem estrelas, mundos e sistemas dentro e fora dos sistemas percebidos pelo homem, e mesmo dentro de nossa própria atmosfera.O "adepto", afirma a esse respeito que a ortodoxia, ou a chamada ciência oficial, usa muitas vezes a palavra "infinidade" sem atribuir a ela qualquer importância adequada, sendo mais uma força de expressão do que um termo que implica uma realidade tremenda, a mais misteriosa. Quando nos relatórios de um astrônomo é encontrada "aferição da infinidade", mesmo o mais intuitivo de sua classe é quase sempre capaz de esquecer que está avaliando apenas as superfícies de uma pequena área e as profundezas visíveis, e falam delas como se elas fossem apenas os volumes cúbicos de alguma quantidade conhecida. Isso é o resultado direto da atual concepção de um espaço tridimensional.

A mudança para um mundo de quatro dimensões está próxima, mas o quebra-cabeça da ciência persistirá até que os seus conceitos abranjam as dimensões naturais do espaço visível e invisível em sua completude setenária. "O infinito e o absoluto são apenas nomes de duas contra-imbecilidades da mente humana (de não iniciados)", e considerá-los como as transmutadas "propriedades da natureza das coisas, de duas negativas subjetivas convertidas em afirmativas objetivas", na colocação de Sir W. Hamilton, é não saber nada das operações infinitas de espírito humano liberto ou de seus atributos, a primeira das quais é a sua capacidade de ir além da região de nossa experiência terrena de matéria e espaço. Um vácuo absoluto é tanto uma impossibilidade abaixo quanto acima. Mas as nossas moléculas, os infinitésimos do vácuo "abaixo", são substituídas pelo átomo-gigante do infinito "acima". Quando demonstrada, a concepção de quatro dimensões de espaço pode levar à invenção de novos instrumentos para explorar a matéria extremamente densa que nos rodeia como uma bola de piche poderia envolver, digamos, uma mosca, mas que, em nossa ignorância extrema de todas as suas propriedades, salvo aquelas que prevalecem em nossa Terra, nós ainda chamamos de clara, serena e transparente atmosfera. Isso não é psicologia, mas simplesmente física oculta, que nunca pode confundir "substância" com "centros de força", para usar a terminologia da ciência ocidental, que é ignorante de **maya**. Em menos de um século, além de telescópios, micrógrafos e telefones, a Royal Society terá que oferecer um prêmio para algo como um **eteroscópio**.

Também é necessário, com relação à pergunta sob resposta, que "um inglês F.T.S." [membro inglês da Sociedade Teosófica - NT] deva saber que os "adeptos" da Lei do Bem rejeitam a gravidade como explanada na atualidade. Eles negam que a denominada "teoria de impacto" seja a única hipótese de gravitação defensável. Eles dizem que se todos os esforços desenvolvidos pelos físicos para conectá-la com o éter, a fim de explicar a ação elétrica e magnética à distância, mostraram-se completamente falhos até agora, deve-se mais uma vez ao desconhecimento pela raça humana dos últimos estados da matéria na natureza e, acima de tudo, da verdadeira natureza da matéria prima solar. Acreditando, todavia, na lei da mútua atração e repulsão eletromagnética, eles concordam com aqueles que chegaram à conclusão de que a "gravitação universal é uma força fraca", totalmente incapaz de dar conta até mesmo uma pequena porção dos fenômenos do movimento. No mesmo contexto, eles são forçados a sugerir que a ciência pode estar errada em sua postulação indiscriminada da força centrífuga, que não é nem uma lei universal nem é consistente. Para citar apenas um exemplo, esta força é impotente para explicar o achatamento esferoidal de certos planetas. Porque, se o abaulamento dos equadores planetários e o encurtamento de seus eixos polares deva ser atribuída à força centrífuga, em vez de ser simplesmente o resultado da influência poderosa da atração eletromagnética solar, "estabilizada pela retificação concêntrica da própria gravitação de cada planeta conseguida pela rotação em seu eixo", para usar a fraseologia de um astrônomo (nem muito clara, nem correta, mas que serve ao nosso propósito de mostrar as muitas falhas no sistema), por que haveria tanta dificuldade em responder à objeção de que as diferenças na rotação equatorial e na densidade de vários planetas estão diretamente em oposição a esta teoria? Quanto tempo vamos ver até mesmo grandes matemáticos encorajando falácias para suprir um hiato evidente! Os "adeptos" nunca reivindicaram um conhecimento superior ou mesmo qualquer conhecimento da astronomia ocidental e de outras ciências. Contudo, valendo-nos até mesmo dos mais elementares livros didáticos utilizados nas escolas da Índia, verifica-se que a teoria centrífuga de origem ocidental é incapaz de cobrir todo o terreno. Que, sem ajuda, essa teoria não pode justificar cada oblato esferoide, nem explicar as evidentes dificuldades que se apresentam em decorrência da densidade relativa de alguns planetas. Como, de fato, pode qualquer cálculo da força centrífuga explicar-nos, por exemplo, por que Mercúrio, cuja rotação é, segundo nos dizem, apenas "cerca de um terço da prevalecente na Terra, e sua densidade apenas cerca de um quarto maior do que a da Terra", deva ter uma compressão polar mais de dez vezes superior a do nosso planeta? E, também, por que Júpiter, cuja rotação equatorial é supostamente "vinte e sete vezes maior do que a da Terra, sendo a sua densidade de apenas cerca de um quinto", deva ter a sua compressão polar dezessete vezes maior do que a da Terra? Ou por que Saturno, com uma velocidade equatorial cinquenta e cinco vezes maior que a de Mercúrio, tendo que enfrentar a sua força centrífuga, teria compressão polar apenas três vezes maior que a de Mercúrio? Para coroar as contradições acima, somos convidados a acreditar nas forças centrais tais como ensinadas pela ciência moderna, mesmo quando é dito que a matéria equatorial do Sol, com mais de quatro vezes a velocidade centrífuga da superfície equatorial da Terra e apenas cerca de um quarto da gravitação da matéria equatorial, não manifesta qualquer tendência a inchar no equador solar, nem mostra nenhum achatamento nos polos do eixo solar. Em outras e mais claras palavras, o Sol, com apenas um quarto da densidade da nossa Terra com a força centrífuga que deve lidar, não tem nenhuma compressão polar! Encontramos essa objeção feita por mais de um astrônomo, mas nunca explicada tão satisfatoriamente, tanto quanto os "adeptos" têm conhecimento.

Por isso é que eles dizem que os grandes homens de ciência do Ocidente, sem saber nada ou quase nada sobre matéria cometária, forças centrífugas e centrípetas, a natureza das nebulosas ou a constituição física do Sol, das estrelas e até mesmo da Lua, são imprudentes ao falar com tanta confiança, como fazem, sobre a "massa central do Sol" turbilhonando no espaço exterior dos planetas, cometas e tudo mais. Caso nossa humilde opinião seja desejada, mantemos que: (a) ele [o Sol] evolui, embora o princípio vital, a alma de seus corpos, permaneça doando [o princípio vital] e recebendo-o de volta no nosso pequeno Sistema Solar, da mesma forma como o "Doador da Vida Universal", a VIDA UNA, dá e recebe no Infinito e na Eternidade; (b) o Sistema Solar é tanto o microcosmo do UM macrocósmico, quanto o homem é o microcosmo comparativamente ao seu próprio pequeno cosmo solar.

Quais são as provas da ciência? As manchas solares (um equívoco, como de resto quase tudo)? Mas essas não provam a solidez da "massa central" mais do que as nuvens da tempestade provam a massa sólida da atmosfera por trás delas. Será a não *coextensibilidade* entre o corpo do Sol e as suas dimensões luminosas aparentes que fazem com que o referido "corpo" pareça "uma massa sólida, uma esfera escura de matéria confinada dentro de um presídio de fogo, um manto de chamas ferozes?" Dizemos que há de fato um "prisioneiro" por trás, mas que jamais foi visto por quaisquer olhos mortais físicos, o qual permite que se veja dele meramente um reflexo gigantesco, um fantasma ilusório de "apêndices solares de algum tipo", como o Sr. Proctor honestamente os chama. Antes de dizer qualquer coisa mais, vamos considerar a próxima pergunta.

Esoterismo do dogma cristão:

Notas de Blavatsky sobre texto do abade Roca[65]

HELENA P. BLAVATSKY

Traduzido por Edilson Almeida Pedrosa

Nas páginas iniciais deste ensaio – tão notável por sua sinceridade e audácia – o autor [abade Roca] levanta esta questão e discorre sobre ela: "Quem pode dizer se o momento histórico em que nos encontramos não é aquele em que a palavra de Jesus Cristo será cumprida: 'ainda tenho outras ovelhas que não são deste aprisco; também me convém agregar estas, e elas ouvirão a minha voz, e haverá um rebanho e um Pastor.' [João 10:16.]". Vários fatos históricos do passado e do presente militam contra essa esperança otimista.

Para começar, há os ensinamentos e as doutrinas do esoterismo oriental que preveem o *kalki-avatâra* no final de *kali-yuga*, enquanto estamos apenas no início disso.[66]

Depois, há a interpretação esotérica dos textos cristãos que, lidos à luz da "linguagem dos Mistérios"e traduzidos para ela, mostram-nos a identidade das verdades fundamentais e definitivamente universais. Por este meio, os quatro evangelhos, bem como a Bíblia de Moisés e tudo mais, do primeiro ao último, parecem ser claramente uma alegoria simbólica dos mesmos Mistérios primitivos e do ciclo de iniciação.

Carnalizando a figura central do Novo Testamento, ao im-

[65] Controversy Between H. P. Blavatsky And The Abbé Roca, artigo divulgado em *Collected Writings* Volume VIII – Dec. 1887, p. 341-391, e publicado inicialmente em Le Lotus, Paris, Vol. II, nº 9, dezembro de 1887, pp. 160-173.

[66] O *kali-yuga* dura 432.000 anos, e os primeiros 5.000 anos dele não terão expirado até 1897.

por o dogma do Verbo feito carne, a Igreja latina estabelece uma doutrina diametralmente oposta aos princípios dos esoterismos budista e hindu e da gnose grega. Portanto, sempre haverá um abismo entre o Oriente e o Ocidente, na medida em que nenhum desses dogmas ceda. Cerca de 2.000 anos de perseguição sangrenta contra os hereges e os infiéis pela Igreja surgem diante das nações orientais para evitar que renunciem às suas doutrinas filosóficas a favor daquilo que degrada o princípio *Christos*.[67]

Novamente, então, estão disponíveis estatísticas para provar que dois terços da população do globo ainda estão longe de concordar em gravitar em torno de "um único Pastor". Exércitos de missionários são enviados para todos os cantos da Terra; recursos monetários aos milhões são sacrificados por Roma todos os anos além de dezenas de milhões pelas 350 a 360 seitas protestantes, e qual é o resultado de tanto esforço? A publicação de um célebre bispo (Bishop Temple), com base em estatísticas, dá-nos a resposta: desde o início do nosso século, onde os missionários cristãos fizeram apenas três milhões de conversos, os maometanos acumularam duzentos milhões de prosélitos sem o custo de um centavo. A África sozinha pertence quase inteiramente ao Islã. Um sinal dos tempos!

Afirmei que o Novo Testamento é apenas uma alegoria ocidental baseada nos Mistérios universais, cujos primeiros vestígios históricos, só no Egito, retroagem pelo menos a 6.000 anos antes da era cristã. Estou prestes a provar isso.

A alegoria é a do ciclo de iniciação, uma nova versão dos Mistérios, ao mesmo tempo psíquica e astronômica. Sabeísmo e heliolatria estão intimamente ligados a este outro Mistério, a encarnação do Verbo ou a descida na raça humana do Fiat divino, simbolizada na história de Elohim-Jehovah e o Adão de barro. Por isso, psicologia e astrolatria (portanto a astronomia) não podem ser separadas nisso.

Estes mesmos Mistérios fundamentais são encontrados nos textos sagrados de cada nação, de todo povo, desde o início da vida consciente da humanidade. Mas, quando uma lenda baseada nestes Mistérios arroga a si mesma direitos

[67] Mais adiante será encontrada uma explicação desta palavra.

exclusivos sobre todo o resto; quando se declara um dogma infalível para forçar a fé popular a uma crença na letra morta, em detrimento do verdadeiro significado metafísico, essa lenda deve ser denunciada, seu véu retirado e ela mesma exibida em sua nudez ao mundo.

Assim, é inútil falar da identidade esotérica das crenças universais até que se tenha estudado e entendido o verdadeiro sentido esotérico desses dois termos originais: *Chrêstos* (χρηστός) e *Christos* (χριστός): dois polos opostos quanto ao seu significado, como noite e dia, sofrimento e humildade, alegria e glorificação etc. Os verdadeiros cristãos morreram com o último dos gnósticos, e os cristãos de nossos dias são apenas os usurpadores de um nome que não entendem mais. Enquanto esse for o caso, os orientais não podem concordar com o Ocidente; não seria possível misturar ideias religiosas entre eles.

Diz-se que, depois do *Kalki-Avatâra* ("Aquele que se espera" no Cavalo Branco, no Apocalipse), a Idade de Ouro começará e todo homem se tornará seu próprio guru (instrutor espiritual ou "Pastor") porque o Logos divino , qualquer nome que lhe possa ser dado[68] reinará em cada mortal regenerado. Não há dúvida, então, de um "Pastor" comum, a menos que Pastor seja inteiramente metafórico. Além disso, os cristãos, ao localizar e isolar este grande Princípio, e negá-lo a qualquer outro homem exceto Jesus de Nazaré (ou o Nazareno), corporificam o Christos dos gnósticos; Isso só os impede de ter qualquer ponto em comum com os discípulos da Sabedoria Arcaica.

Os teosofistas ocidentais aceitam o *Christos* tal como os gnósticos dos séculos que precederam o cristianismo, assim como fazem os vedantinos a seu Krishna: eles distinguem o homem corpóreo do princípio divino que, no caso do *avatâra*, o anima. O Krishna deles, o herói histórico, é mortal, mas o princípio divino (Vishnu) que o anima é imortal e eterno; Krishna (o homem e o seu nome) permanece terrestre em sua morte; não se torna Vishnu; Vishnu absorve apenas aquela parte de si mesmo que animou o *avatâra*, tal como anima tantos outros.

Agora, a palavra *Christos*, na realidade, é antes uma tra-

[68] Editor, Le Lotus. Seja Krishna, Buda, Sosiosh, Horus ou Christos, é um princípio universal. Os "Homens-Deuses" são inumeráveis e pertencem a todos os períodos.

dução da palavra *Kris*,[69] e esse nome é certamente anterior ao ano 1 da nossa era por milhares de anos. A prova disso está naquele fragmento da *Erythraean Sibyl* (Sibila Eritreia) onde ΘΕΟΥ ΥΙΟΣ ΣΩΤΗΡ ΣΤΑΥΡΟΣ encontramos as palavras: ΙΗΣΟΥΣ ΧΡΕΙΣΤΟΣ. [70] Essa frase que se tornou tão famosa entre os cristãos é, na realidade, uma série de nominativos com os quais se pode fazer o que quiser. A Igreja se apressou em encontrar nela uma profecia da vinda de Jesus. A frase, no entanto, não teve nada a ver com a nossa era, como provado tanto pela história - desde 1° de janeiro do ano 1 até a presente data (1.1.1888) - e o texto verdadeiro do fragmento Sibylline.

Toth Mu-em-ua - KhmumMut-em-ua - Hator. Cenas da Anunciação e da rainha conduzida para a sala de nascimento. Parede oeste de uma das salas do templo de Luxor. (Cortesia do Instituto Oriental , Universidade de Chicago).

[69] Um termo esotérico para a palavra ungido. Georg Curtius vê a origem de todas essas palavras, χρις, χράω, χρηστός , no sânscrito gharsh (grego χερ). Princípios da Etimologia Grega, Vol. I, p. 236. [Refere-se aqui ao trabalho de Georg Curtius intitulado Grundzüge der griechischen Etymologie (Leipzig: B. G. Teubner, 1858-62). Na quinta edição, 1879, este assunto é discutido na página 204. A única tradução inglesa que se sabe existir é a de A. T. Wilkins e E. B. England (Londres: J. Murray, 1875 e 1886), em dois volumes. No entanto, o volume e a referência da página, conforme dado por H. P. B., não parecem corresponder a esta tradução. - Compilador.]

[70] [Vide a explicação de H. P. B. deste oráculo sibilino na segunda parte de seu ensaio sobre 'O caráter esotérico dos evangelhos', e os dados adicionais contidos na nota do compilador n° 31, apensada ao ensaio mencionado. Esta série de palavras, escrita de maneira comum e com acentos adequados, lê-se da seguinte maneira Ἰησοῦς Χρειστὸς Θεοῦ υἱὸς σωτὴρ σταυρός . -Compilador.]

De fato, essa profecia universal e inteiramente pagã, que data do início de nossa raça, promete-nos o retorno da idade de ouro assim que "a criança", que foi anunciada, venha a nascer, sendo esse nascimento tão alegórico quanto metafísico. Não tem nada a ver com qualquer homem em particular ou qualquer mulher imaculada; é inteiramente mitológico na sua forma; astronômico e teogônico em seu significado oculto. Em todos os tempos e entre todos os povos, o messias mítico nasceu de uma mãe-virgem. Testemunham-no Krishna e Devakî;[71] veja-se a lenda budista enxertada na vida do Gautama Buda histórico e de sua mãe Maya. Observe-se o que foi adicionado à biografia do faraó Amenhotep III, nascido de uma mãe-virgem, a rainha Mut-em-ua, durante a 17ª dinastia. Examine-se também as paredes internas do *sanctum sanctorum* no templo de Luxor, construído pelo mesmo faraó, e você verá quatro cenas muito significativas:[72] primeira, há o deus

[71] [De acordo com a lenda, Krishna não nasceu da conexão sexual entre Devakí e Vasudeva, mas foi transferido do coração de Vasudeva para o ventre de Devakí. Fonte: Wikpédia. - NT].

[72] [Ver as ilustrações que acompanham as cenas de nascimento mencionadas por H. P. B. Elas são encontradas no muro ocidental de uma das salas do templo de Luxor no Egito. Esta sala está situada no lado leste em direção ao extremo sul e é melhor abordada por uma entrada na parede leste do Hypostyle Hall, e depois passando pela parede externa do templo para o sul em direção à primeira entrada à mão direita. A sala está aberta ao céu e, devido à orientação, o extremo esquerdo do muro do oeste nunca recebe os raios completos do Sol e, portanto, é difícil de fotografar. As paredes foram muito desfiguradas durante a revolução religiosa de Amarna e, embora fossem feitas restaurações sob Seti I, elas ainda estão em condições extremamente precárias.
A história no muro ocidental consiste de três fileiras de imagens. Começa no canto inferior direito e prossegue para a esquerda até o final da parede; é então continuada na linha do meio imediatamente acima da última cena (a moldagem da criança e seu Ka pelo oleiro, ou deus criativo Khnum) e prossegue para a direita. Finalmente, ela é retomada na mão esquerda da linha superior e termina na extremidade direita. Esta é a ordem correta dos eventos descritos, se damos por certo que o artista copiou a história do nascimento divino da rainha Hatshepsut, como se mostra em seu Templo em Deir-el-Bahari, onde não há possibilidade de confundir a ordem de eventos, pois eles estão esculpidos numa longa fila.
Para complementar as fotografias reais tiradas pelo Epigraphic Survey do Oriental Institute, da Universidade de Chicago, anexamos também duas placas de desenho da obra de Albert Gayet intitulada Le Temple de Luxor. As figuras 197, 198 e 199 correspondem às três fotografias reproduzidas.
Os comentários de H. P. B. seguem de perto o texto da própria explicação de Gerald Massey. Isso é um pouco infeliz, pois ela contém vários erros. A Fig. 197 representa o deus Thoth anunciando à rainha Mut-em-ua que ela dará à luz o "Grande Príncipe Hereditário", como se afirma na inscrição hieroglífica que a acompanha. A figura 198 representa o deus Khnum (não o Kneph) e a deusa Hathor levando a rainha para a cama e segurando o sinal da vida. A tripla Fig. 199 representa o nascimento do rei. A Rainha está sentada na cadeira de uma

Thoth (o Mercúrio lunar, o mensageiro dos deuses egípcios da anunciação, o Gabriel do Livro dos Mortos) saudando a Rainha Virgem e anunciando-lhe o nascimento de um filho; então, há o deus Kneph ajudado por Hathor (o Espírito Santo sob seus dois aspectos, masculino e feminino, como a Sophia dos gnósticos que se transformou no Espírito Santo), preparando e aprontando o germe da próxima criança; então, a mãe em viagem, sentada no banquinho da parteira, que recebe o recém-nascido numa caverna; e, finalmente, a cena da Adoração. Gerald Massey, o egiptólogo inglês, descreve esta última cena da seguinte maneira:

... Aqui, a criança é entronizada, recebendo a homenagem dos deuses e presentes dos homens. Atrás da deidade Kneph, à direita, três espíritos - os três magos, ou os reis da lenda, estão ajoelhados e oferecendo presentes com a mão direita e a vida com a esquerda. A criança assim anunciada, encarnada, nascida e adorada, foi o representante faraônico do deus sol Aton no Egito; o deus Adon [Adon, deus fenício símbolo do renascimento da natureza - NT] da Síria; e o hebreu Adonai; o Cristo criança do culto Aton; a concepção milagrosa da mãe sempre virgem, personificada por Mut-em-ua, como mãe do "Único-Um", e representante da mãe divina do jovem deus Sol.[73]

Não é necessário repetir a lenda de Krishna e Devakî, de seu nascimento milagroso, dos pastores que cuidaram dele, das ¬ishis que o saudaram, ou do Herodes indiano, o rei Kamsa, que ordenou o massacre de 40 mil homens recém-nascidos, com a esperança de entre eles matar *KDishŠa*, alguém

parteira, colocada sobre uma cama, que por sua vez repousa sobre outra cama. Duas deusas estão presentes nela, enquanto o bebê e seu Ka são recebidos por outras deusas, provavelmente algumas das sete formas de Hathor. No meio do registro, o centro é ocupado pelas duas formas do deus de "Milhões de anos". De cada lado estão os membros do Ogdoad de Hermópolis, deuses primitivos que, de acordo com os ensinamentos hermopolitas, surgiram no amanhecer da criação. No registro inferior está um grande amuleto de proteção, e as "almas de Heliópolis e de Mekhen". As Figuras 200 e 201 têm a ver com a apresentação do Amon-Ra bebê.
Vê-se, portanto, comparando esses fatos com a descrição de Massey, permitiu-se que certos erros se infiltrassem nos comentários de HPB. Há também uma considerável diversidade de pontos de vista entre os egiptólogos em relação às chamadas cenas do "Nascimento Divino". Há contestação por alguns deles de que nenhuma versão egípcia retrata a futura mãe como virgem e que a ideia da "concepção imaculada" é estranha à mitologia egípcia. - Compilador.]

[73] [Palestra no "The Historical Jesus and Mythical Christ," p. 5, 2nd para. *Vide* Bio-Bibliographical Index, s.v. MASSEY.— *Compilador.*]

que o destronou.

E a idade de ouro, cantada por Virgil e a Sibyl, vem finalmente? Onde devemos procurá-la? É nos primeiros séculos do cristianismo que os pagãos, para proteger seus deuses, massacraram os nazarenos? É quando os últimos, abertamente declarando-se cristãos, começaram a afogar os deuses dos pagãos em torrentes de sangue humano, em nome daquele que havia pregado para eles, como disseram, amor fraternal e universal, até aos inimigos, a caridade do perdão e o esquecimento das injúrias? Ou é nos séculos em que a santa Inquisição governou e que a humanidade gozava da sua era de ouro, de sua paz universal, material ou moral? Ou, novamente, é quando os exércitos da Europa estão preparados para surgir e exterminar uns aos outros, enquanto as legiões de infelizes perecem de fome e frio sob a bênção do Vigário de Cristo (dotado de 20 milhões para o seu jubileu) e a moralidade nos países civilizados e cristãos afundam-se abaixo do dos animais selvagens?

O fato é que o verdadeiro significado das palavras da Sibília é realmente conhecido apenas para os adeptos; e não é pela Cruz do Calvário que elas podem ser interpretadas.

Não tenho a menor intenção de ferir os sentimentos daqueles que acreditam em Jesus, o Cristo encarnado, mas eu me sinto compelido a enfatizar nossa própria crença ao explicar isso, porque o abade Roca deseja identificá-la com a da Igreja Romana. Jamais essas duas crenças podem se unir, a não ser que o catolicismo da Igreja latina retorne àqueles seus princípios iniciais, os dos gnósticos. Pois a Igreja de Roma era gnóstica - tanto quanto os marcionistas - até meados do segundo século. Marcion, o famoso gnóstico, não se separou dela até o ano 136, e Taciano deixou-a ainda mais tarde. E por que eles a deixaram? Por terem se tornado hereges, simula a Igreja. Mas a história desses cultos, corroborada por manuscritos esotéricos, dá-nos uma versão totalmente diferente. Estes gnósticos famosos, dizem-nos eles, separaram-se da Igreja porque não concordavam em aceitar um Cristo feito de carne, e assim começou o processo de "*carnaliza*ção" do princípio crístico. Foi então também que a alegoria metafísica experimentou sua primeira transformação - aquela alegoria que era a doutrina fundamental de todas as fraternidades gnósticas.[74]

CENA DO NASCIMENTO DIVINO. Na mesma parede oeste, imediatamente à direita das cenas anteriores. (Cortesia do Instituto Oriental da Universidade de Chicago).

Um fato é suficiente para provar que a Igreja Romana tinha abandonado até mesmo a tradição preservada pela Igreja Grega, em que adotou a tonsura[75] solar própria dos sacerdotes egípcios dos templos públicos e dos lamas e bonzos do culto budista popular: isso é suficiente para demonstrar que a Igreja de Roma é a única que se afastou da verdadeira religião do Cristo místico.

Portanto, ainda está distante o tempo em que "todas as pessoas do universo formarão um só rebanho sob um só pastor". [João 10:16. - NT]. A natureza humana terá que ser completamente modificada antes que ocorra. Teremos que alcançar a Sétima Raça, de acordo com a profecia do Livro da Dzyan[76], porque é então que o "Christo" - designado por seus

[74] Os gnósticos estavam realmente divididos em várias fraternidades, tais como: essênios, terapeutas, nazarenos ou nazares (dentre os quais Jesus de Nazaré); "Tiago", o irmão do Senhor, chefe da Igreja de Jerusalém, era um gnóstico dos pés à cabeça, um asceta do antigo tipo bíblico, ou seja, um nazar dedicado ao ascetismo desde o seu nascimento. A navalha nunca tocou a sua cabeça ou barba. Ele era representado nas lendas ou nas imagens tal qual Jesus, bem como são todos os " irmãos adeptos" de todos os países, desde o faquir iogue da Índia aos maiores mahatmas entre os Iniciados dos Himalaias.

[75] A força magnética e psíquica reside nos cabelos; daí o mito de Sansão e de outros como ele na Antiguidade.

[76] Uma palavra tibetana, a sânscrita *Jñâna*, sabedoria oculta, conhecimento.

vários nomes pagãos e dos "hereges" gnósticos, irá reinar na alma de cada indivíduo, na alma de todos aqueles que tenham primeiro aceitado o Chrêst[77] - não digo simplesmente aqueles que se tornarem cristãos, o que é outra coisa. Pois, proclamemos de uma vez por todas, a palavra Cristo, que significa o glorificado, o triunfante e também o "ungido" (da palavra χρίω, ungir) não pode ser aplicado a Jesus. Mesmo de acordo com os Evangelhos, Jesus nunca foi ungido, nem como Sumo Sacerdote, como Rei ou como Profeta. "Como mortal", observa Nork, "ele foi ungido apenas uma vez, por uma mulher, e não porque se apresentou como rei ou sumo sacerdote, mas, como ele próprio disse, para o seu enterro." Jesus era um Chrêstos: χρηστὸς ὁ Κύριος (O Senhor é bom), como disse São Pedro (1ª Epístola, 2:3), se ele realmente viveu durante a era cristã ou um século antes, no reinado de Alexandre Janeu e sua esposa Salomé, em Lüd, como afirmado em o Sepher Toldoth Jeshu.[78]

[77] Uma palavra que não é o Krest (cruz) dos eslavos nem o "Cristo" crucificado dos latinos. O Raio que se fez manifesto desde aquele Centro da Vida que está escondido dos olhos da humanidade pela e na eternidade, o Cristo, crucificado como um corpo de carne e ossos!!!

[78] Madame Blavatsky, tendo a sua atenção atraída para a opinião de alguns estudiosos, no sentido de que essa afirmação é errônea, respondeu o seguinte: "Eu digo que os estudiosos estão mentindo ou dizendo absurdo. Nossos Mestres confirmam a afirmação. Se a história de Jehoshua ou Jesus Ben-Pandira é falsa, então todo o Talmude, todo o cânone judeu é falso. Ele era o discípulo de Jehoshua Ben Perahiah, o quinto presidente do Sinédrio após o Esdras que reescreveu a Bíblia. Comprometido na revolta dos fariseus contra Janeu em 105 a.C., Perahiah fugiu para o Egito carregando o jovem Jesus com ele. Este relato é muito mais verdadeiro do que o do Novo Testamento, que não tem registro na história".

[Faz-se referência aqui à tradição preservada na Gemara do Talmude Babilônico, ou seja, nos tratados conhecidos como Sotah (cap. IX, 47a) e Sanedrín (cap. XI, 107b). Consulte-se, neste contexto, o artigo de H. P. B. "Uma Palavra com os Teósofos" (The Theosophist, Vol. IV, março de 1883, pp. 143-145, republicado no Vol. IV, da série atual) incorpora uma nota de rodapé na segunda parte, "O caráter esotérico dos evangelhos", e o valioso trabalho de G. R. S. Mead "Jesus Live 100 BC?" (Londres e Benares: Theos. Publ. Society, 1903), que pesquisou todas as evidências exotéricas disponíveis sobre este assunto.

A descoberta recente de certos "rolos" em uma caverna ao redor do Mar Morto percorre um longo caminho no sentido de confirmar a tradição contida no Talmude.

É preciso mencionar aqui o fato de que a sentença francesa original de H. P. B. é um pouco ambígua; uma tradução literal da mesma faz parecer igualmente ambígua em inglês. Portanto, para eliminar qualquer possibilidade de confusão, deve-se ressaltar que foi Jehoshua (ou Joshua) Ben Perahiah, que se comprometeu com a revolta contra Jannaeus, e fugiu para o Egito com o jovem Jehoshua Ben Pandira.

Gerald Massey, em uma carta ao Medium e Daybreak, um semanário de Londres, faz um relato de suas pesquisas históricas sobre esse importante assunto, do qual os seguintes parágrafos são citados em The Theosophist, Vol. V, Suppl. de

junho de 1884, pp. 84-85:

"O culto cristão não começou com [illegible]gelhos canônicos, nem com um fundador pessoal supostamente retra[illegible].

"O Jehoshua do Talmude foi, sem dúvi[illegible]gem histórico. De acordo com uma tradição preservada na *Toled[illegible]*, ele estava relacionado à rainha Salomé, a esposa e mais tarde [illegible] Janeu, que reinou do ano de 106 a.C. a 79 a.C. É dito que ela tentou [illegible]shua de seus inimigos sacerdotais, porque ela havia sido teste[illegible] obras maravilhosas. Um relato judaico afirma que esse homem, qu[illegible]meado, era um discípulo de Jehoshua ben-Perachia. A narrativa [illegible] ele nasceu no quarto ano do reinado de Alexandre Janeu, apes[illegible] de seus seguidores de que ele nasceu no reinado de Herodes. [illegible] século antes da era cristã, supostamente datada a partir do na[illegible]. Jehoshua é descrito como sendo o filho de Pandira e de Stada, o afastado.

"O Rabino Ben-Perachia é igualmente um personagem histórico. Ele começou a ensinar no ano 154 a.C .; portanto, ele não nasceu antes de 180 a.C. a 170 a.C. Mas também está relatado que este rabino fugiu para o Egito durante a guerra civil na qual os fariseus se revoltaram contra o rei Alexandre Janeu. Isso foi aproximadamente no ano 105 a.C.; e como Jehoshua Ben-Pandira acompanhou o rabino como seu aluno, ele deve ter nascido aproximadamente em 120 a.C. Sabemos de Tract Shabbath, da Gemará babilônica para a Mishná [Gemará é o Talmude com os comentários e análises rabínicas da Mishná, e esta é uma das principais obras do judaísmo rabínico], que Jeoshua Ben-Pandira foi apedrejado até a morte por ser considerado um mago, na cidade de Lud ou Lydda, e depois foi crucificado por ser pendurado numa árvore na véspera da Páscoa. Outra tradição registra que Jeoshua foi morto durante o reinado de Salomé, que terminou no ano 71 a.C.

"Jehoshua é o único Jesus histórico conhecido pelos judeus ou pelos cristãos. Pois, Epifânio no século IV realmente traça a genealogia de seu Jesus Cristo até Pandira, que era o pai daquele Jehoshua que viveu e morreu pelo menos um século antes de ser o Cristo dos nossos evangelhos canônicos. Isso altera completamente a base histórica; precede a história humana por um século e destrói o caráter histórico dos evangelhos, juntamente com o de qualquer outro Jesus que não Jehoshua Ben-Pandira, de quem tanto judeus como cristãos concordam em identificar como a única personalidade humana. As tradições mostram ainda que Jehoshua era um nazareno na realidade, e não por que tenha nascido em Nazaré, fato que não faria de ninguém um nazareno! [um asceta]

[Epifânio foi bispo da cidade de Salamina na ilha de Chipre no final do século IV. Tornou-se bastante conhecido por ser forte defensor da ortodoxia cristã e ter escrito um enorme compêndio sobre as heresias que ameaçavam a versão dogmática de que ele defendia. Esse livro está cheio de citações muito valiosas, pois que são, muitas vezes, os únicos fragmentos sobreviventes de obras suprimidas das correntes rivais. O bispo podia se gabar também de ter sido, juntamente com Ticão (bispo de Amato), o instigador de uma violenta perseguição aos não cristãos que viviam em Chipre e que resultou na destruição de muitos dos seus templos. (Observação nossa).]

"Agora, o livro *Abodazura* contém um comentário sobre o Apóstolo Tiago, no qual o descreve como 'um seguidor de Jeoshua o nazareno', que eu mostrei ser aquele 'outro Jesus', que não era Jesus, ou Cristo, de Paulo. Aqui, então, abre-se a grande divergência entre um Jeoshua histórico, o mago, o pregador, e o Jesus mitológico dos evangelhos canônicos; uma fenda que nunca foi fechada, e sobre a qual tentei jogar uma ponte ".

Consulte o Índice Bio-Bibliográfico, s.v. Joshua Ben Perahiah. - Compilador.]

Cena do nascimento divino (cont.). EXTENSÃO ADICIONAL DA CENA, À DIREITA DA IMAGEM ANTERIOR. (Cortesia do Instituto Oriental Da Universidade De Chicago).

E havia outros ascetas na condição de Chrêstos, mesmo em seu tempo: todos aqueles que, ao entrarem no caminho árduo do ascetismo, viajaram pela estrada que leva a Christos, a luz divina; todos aqueles que estavam no estado de Chrêstos, ascetas pertencentes aos templos oraculares χρηστήριος de χράω (pertencentes a um oráculo; e χρηστήριον veículo de um oráculo, sacrifício e vítima). Tudo isso fazia parte do ciclo de iniciação; quem quiser se convencer disso tem apenas que investigar. Nenhuma 'vítima sacrificial' poderia unir-se a Cristo triunfante antes de passar pela fase preliminar do Chrêst sofredor que estava condenado à morte.

Astronomicamente, foi a morte do Sol,[79] mas a morte é o

Nascimento Divino: cenas do Templo de Luxor. (De: Le Temple de Luxor, por Albert Gayet).

precursor do novo Sol,[80] a morte engendrando a vida no seio da escuridão.

Psicologicamente, foi a morte dos sentidos e da carne, a ressurreição do Ego espiritual, os Christos em cada um de nós.

[79] Na cruz do equinócio outonal, o ponto onde a eclíptica atravessa o equador, e onde o Sol desce para esse último círculo, anunciando o inverno, a morte.

[80] O Natal, quando o Sol reascende em direção ao equador, depois de ter passado o solstício de inverno, anunciando a primavera, a renovação, a Páscoa.

Sim, é mesmo o próprio Christos que dirige esse movimento oculto; mas, se for assim, não é com a ideia de que São Pedro, que negou seu Cristo três vezes, deve receber as chaves dos Mistérios das mãos dos mahatmas, nem que o último reeditasse a cena dos três reis magos.

Não é necessário repetir novamente o que outros mahatmas, os hierofantes do Egito, faziam a cada 19 anos, de acordo com o ciclo metônico,[81] há cinco ou seis mil anos, pelo menos, antes do século XIX. Os Christos astronômicos só podem ter um aniversário de nascimento e de ressurreição a cada 19 anos, como mostrado por Gerald Massey, porque seus pais são o Sol e a Lua, os corpos celestes que acompanham "o homem crucificado no espaço", imagens que antecederam até mesmo a figura descrita por Platão. Aquele dia, consagrado por uma cerimônia, foi concertado no Egito de acordo com a lua cheia da Páscoa.[82]

Como afirmou o palestrante e egiptólogo de Londres citado acima:

> O local de nascimento do Messias egípcio [Horus] no equinócio vernal estava representado em *apt*, ou *apta*, na quina... .[83]

Mas *apta* também significa o berço e o moinho, portanto, a criança nascida no *apta* deveria nascer no berço, e este apta, como Berço, é o sinal hieroglífico do local de nascimento do Sol.[84]

Este ponto era indicado pela interseção do colo equinocial (*colure of the Equinox*, no texto original) com o Equador, e à medida que passava de um signo a outro, a estrela correspondente do Oriente (ou do Oriente) serviu para marcar sua

[81] Ciclo metônico é a designação dada em astronomia, em particular na elaboração de calendários, ao mínimo múltiplo comum (aproximado) da duração, em número de dias, do ano trópico e do mês sinódico lunar. O valor utilizado é de 19 anos trópicos, já que este período corresponde a 235 meses sinódicos menos 2 horas. Esta diferença de 2 horas induz um erro no ciclo metônico de apenas um dia completo em cada 219 anos, já que: 19 anos trópicos = 6939.602 dias; e 235 meses sinódicos = 6939.688 dias.
Fonte: Wikipédia.

[82] Também entre os cristãos, o dia da Natividade é determinado pela lua cheia da Páscoa, uma estranha coincidência.

[83] ["O Jesus Histórico e o Cristo Mítico", p. 7.]

[84] Os egípcios carregavam o recém-nascido em seu berço pelas ruas de Alexandria.

posição.

> ... Quando o local de nascimento estava no signo do Touro, Órion era a estrela que se elevava no oriente para dizer onde o jovem Deus-Sol tinha renascido. Por isso, é chamada de "Estrela de Hórus". Essa foi então a estrela dos "três reis" que saudaram o bebê; pois os "Três Reis" ainda é um nome das três estrelas no Cinto de Órion...[85]

E o nosso autor acrescenta:

> Plutarco também nos diz como o culto mitraico se estabeleceu também em Roma no ano 70 a.C.[86] E a lenda de Mitra diz que ele nasceu em uma caverna. Onde quer que se adorasse Mitra, a caverna era consagrada como seu local de nascimento. A caverna pode ser identificada, e o nascimento do Messias naquela caverna, independentemente do nome que ele nasceu, pode ser definitivamente datado. A 'Caverna de Mitra' foi o local de nascimento do Sol no solstício de inverno no dia 25 de dezembro, quando o Sol estava no signo de Capricórnio, e o equinócio vernal no signo de Aries. Agora, o nome acadiano do décimo mês, o de capricórnio, que responde grosso modo ao nosso dezembro, o décimo pelo nome, é Abba Uddu, isto é, a 'caverna da luz'; a caverna do renascimento do Sol na menor profundidade no solstício, figura como a caverna da luz...

Esta caverna continuou como o local de nascimento do Cristo. Você vai encontrá-la em todos os evangelhos do nascimento, e Justin Martyr diz: 'Cristo nasceu no estábulo, e depois se refugiou na caverna'. Ele também atesta o fato de que Cristo nasceu no mesmo dia em que o Sol nasceu em Stabula Augiae, ou nos estábulos de Augias. Agora, a limpeza deste estábulo foi o sexto trabalho de Héracles, sendo o primeiro o signo de Leão; e Justin estava certo; O estábulo e a caverna estão ambos representados no mesmo signo celestial. Mas, grave isso! A caverna foi o local de nascimento do messias

[85] [Op. cit., p. 7.]
[86] [Lives: Life of Pompey, ch. 24.]

solar do ano 2410 a.C. ao ano 255 a.C.; pois em data posterior o solstício passou de Capricórnio para Sagitário; e nenhum Messias, seja chamado Mitra, Adon [deus sírio], Tamuz [antiga divindade suméria], Hórus ou Cristo, poderia ter nascido na Caverna de Abba Uddu ou no estábulo de Augias no dia 25 de dezembro depois do ano 255 a.C. Portanto, Justin não tinha mais que a tradição mitraica do aniversário para provar o nascimento do Cristo histórico 255 anos depois![87]

Assim, com a matemática e a astronomia para nos ajudar, demonstrou-se que Jesus não poderia ter nascido em 25 de dezembro, 255 anos depois; a precessão dos equinócios, ou o incremento sideral progressivo o proíbe.[88]

É nesta sabedoria antiga, e nos Christos dos gnósticos sob seus vários nomes, que os teósofos, discípulos dos mahatmas, acreditam. O abade Roca está pronto para fazer com que o Papa aceite essa crença, e aceitá-la ele mesmo? - Duvido disso. O que, então, podemos fazer?

O Abbé Roca nos cita passagens de Paulo falando sobre o "Verbo feito carne" e de um Deus que existe corporalmente; mas o abade Roca aprendeu bem a negar que as Epístolas de São Paulo não nos chegaram inteiramente imaculadas. Durante vários séculos, a Igreja recusou-lhes um lugar entre as escrituras ortodoxas, como também a Revelação de São João,

[87] [Massey, *op. cit.*, pp. 6-7.]

[88] "Vide Compilador's footnote on page 365 of this Volume": [H. P. B. usa aqui uma palavra muito incomum, qual seja, *auxis*, que não pode ser encontrada nessa forma em qualquer dicionário francês atual. Deve ter caído em desuso há um século ou mais. No entanto, em antiga obra francesa escrita pelo célebre astrônomo Joseph Jérôme, Le Français de Lalande (1732-1807) e intitulada Astronomie (Paris, 1764, 2 vols., enl. ed., Paris, 1771-81, 4 vols.; 3ª ed., Paris, P. Didot, 1792, 3 vols.), há uma 'tabela de conteúdos' analítica em que aparece sob o termo *apside* a palavra rara *aux*, significando, de acordo com o autor, 'à-peu-près la même chose' ['sobre o mesmo'], o mesmo que a palavra *apside*. Na astronomia, o termo *apsis* é usado para denotar, em uma órbita, o ponto em que a distância do corpo para o centro de atração é tanto maior (maior do que *apsis*) ou menor (menor do que *apsis*) quanto o apogeu ou o perigeu da Lua, ou o afélio ou o periélio de um planeta como a Terra, por exemplo. A linha que une os dois *apsides* é chamada de linha de *apsides*. Não há dúvida de que os termos *auxis* e *aux* estão intimamente relacionados, sendo ambos derivados do *auxêsis* (grego), crescimento, aumento, incremento; *auxêin*, crescer, aumentar; e Auxêsia, a deusa do crescimento. O termo usado em grego para a Lua crescente era *auxo-selênon*. Nossa própria palavra 'auxiliar' é derivada da mesma raiz. Enquanto a *apsides* ou a linha que as unem não desempenham um papel direto no que é conhecido como a precessão dos equinócios, é bastante claro que o HPB usa o termo auxiliar antigo no sentido de alteração progressiva, aumento, incremento, progressão, e, portanto, aplica-se ao fato do movimento precessional. - Compilador.]

e quando esses dois livros foram aceitos, eles estavam, como é definitivamente provado, em uma forma mutilada.

Mas para isso, o grande inimigo de São Pedro teria feito mais um bocado do apóstolo da circuncisão. É por isso que, considerando a expressão avançada "o Verbo feito carne", os teósofos - gnósticos e budistas - poderiam se opor a essas outras palavras de Paulo, perguntando se os gálatas são tolos suficientemente tolos para - depois de terem fé no espírito - voltar a acreditar em um deus corpóreo; pois este é o significado esotérico do que ele diz em sua Epístola aos Gálatas 3: 3 etc.

Existe outra coisa extraordinária que o Abade Roca realmente deve nos explicar. Poderia parecer, a partir de todos os cálculos, que Paulo havia sido convertido em Cristo três a quatro anos antes da crucificação de Jesus! Assim, de acordo com os Atos [9 e 22:6-21], sua visão data do ano 30 ou 31, mas de acordo com o que ele também contou aos Gálatas, deve ter ocorrido no ano 27. Ele disse que, de fato, não teria ido a Jerusalém por três anos após a conversão (Gal 1:18 e seq.), e depois disso falou (Ibid., 2:1 e seq.) que retornou lá catorze anos depois, com Barnabé e Tito. Agora, «a data dessa segunda visita pelo menos, senão da primeira, pode ser fixada historicamente, porque foi feita durante a grande fome que se sabe ter ocorrido no ano 44, quando Paulo e Barnabé enviaram alívio aos pobres. "Se, então, subtraímos 17 da data de 44, segue-se que São Paulo foi convertido no ano 27, isto é, enquanto Jesus ainda vivia! E isso dificilmente pode ser explicado a menos que, como Gerald Massey prova (corroborando assim os fatos ensinados nos livros secretos da Gnose - veja Isis Sem Véu,[89] Paulo se converteu, não a Jesus de Nazaré, mas ao Christos dos gnósticos. Ele fez suas epístolas para criticar fortemente os hereges, mas estes hereges eram realmente Pedro, Tiago e outros apóstolos.

Ignoro o que o erudito Abbé Roca pretende divulgar ao mundo em seu próximo volume sobre a "Queda do Éden" que ele considera como um cataclismo, "punição de um crime espantoso, de uma revolta audaz"; mas posso assegurar-lhe que a opinião dos "teosofistas-chelas" sobre o assunto já está for-

[89] [As mais prováveis são as passagens em pp. 89-91, 137 e 162 nota. - Compilador.]

mada antecipadamente.

O crime terrível foi meramente o resultado natural da lei da evolução: as raças (quase não solidificadas na primeira) dos nossos protótipos andróginos e semietéreos, materializando-se pouco a pouco, assumindo um corpo físico, separando-se finalmente em machos e as fêmeas distintos, foram procriadas carnalmente depois de terem criado sua prole por métodos completamente diferentes que serão explicados algum dia (se é que se pode expressar pela palavra 'criar' a ideia bastante diferente transmitida pelo verbo engendrar).

Essa "revolta audaciosa" é mais uma alegoria antropomórfica e personalizadora que devemos à Igreja, para disfarçar o melhor possível todas as ideias antigas - velhas como o mundo. Era uma doutrina filosófica embutida no significado esotérico da lenda de Prometeu. O fogo sagrado que ele roubou dos Deuses é a chama do intelecto consciente, a centelha que anima o quinto princípio, ou Manas; é também a chama sexual e geradora; Essa centelha é o reflexo - senão a própria essência - dos arcanjos ou mônadas, forçados pelo seu carma do manvantara anterior a encarnar em formas astrais da terceira grande raça pré-adâmica antes da sua "queda" - a queda de espírito na matéria. Essa suposta "revolta", aquele "roubo" do fogo criativo, é um resultado da Evolução (da qual a teoria darwiniana é apenas a casca exterior áspera no plano físico ou material).

Uma vez dotada do fogo criativo, a humanidade completamente evoluída não tinha mais necessidade da ajuda dos poderes ou deuses criativos, tais como os Elohim do capítulo dois do Gênesis. Os homens tornaram-se deuses criativos, por sua vez, capazes de dar vida a seres como eles próprios; de onde a alegoria grega de Urano mutilado por Saturno-Cronos que, por sua vez, se vê mutilado por seu filho Júpiter; a alusão é perfeitamente transparente; desde que os homens descobriram, graças a Prometeu, o segredo dos diferentes métodos de criação e foram criando, por sua vez, qual a utilidade dos deuses criadores?

O chamado roubo do fogo criativo é, segundo Enoch, o crime que tornou culpável os anjos caídos, de quem a Igreja fez Satanás o seu chefe.

O abade Roca fala-nos novamente o "Sat dos hermetistas", mas ele cometeu um duplo erro ao atribuir aquele "Sat" aos Hermetistas, que nunca ouviram falar dele e o chamavam de "Substância" como o Yliaster de Paracelso.

Sat é um termo sânscrito, usado na filosofia do vedanta; é um adjetivo intraduzível em qualquer idioma; nem substância, nem espírito puro, nem mesmo qualquer coisa, Sat é o Infinito todo, a vida, ou, antes, a existência absoluta, que não pode ser traduzida nem pelo verbo "ser" היה (Eheieh),[90] nem pelo verbo "viver" חוה, do qual os cabalistas fizeram um símbolo da existência ao transmutá-lo em doze maneiras diferentes sem alteração de significado, e aplicando-o ao seu Jeová. Sat é o Absoluto, ou Parabrahm, – o qual o vedantino jamais se permitiria chamar de "espírito" Parabrahm, ou o Brahma neutro! - enquanto o Yliaster de Paracelso é apenas a Anima Mundi; não é mesmo Mulaprakriti, que é o "véu de Parabrahm" (literalmente, a raiz da Natureza), mas simplesmente o Akasha, o número da Luz Astral, o véu entre a Terra e as primeiras águas.

Para a religião eclesiástica da cristandade, que materializou tudo, que *carnalizou* o Logos ou Verbo, que, fora do Deus desconhecido de São Paulo, fez um ser antropomórfico, nosso SAT nunca seria compreensível ou aceitável; nosso Sat, do qual Ain-Soph, a divindade negativa dos cabalistas, é meramente uma cópia metafísica pálida.

Como católico romano, o abade Roca diz-nos que "fora de Deus, não existe no universo, mais que uma e mesma substância", seja qual for. Discípulos dos mahatmas, os teósofos respondem: rejeitamos um Deus condicionado e limitado, embora ele tenha fora de si mesmo, mas um ponto matemático! Não estamos procurando um anão-Deus, um Deus dotado de atributos humanos, feitos à imagem do homem; acima de

[90] [De acordo com o léxico hebraico-inglês do Velho Testamento (1836) de Wm. Gesenius, היה significa "ser, vir a acontecer, acontecer, tornar-se, ser feito ou construído, vir à existência", ao mesmo tempo em que é uma forma menos frequente em hebraico, que significa também "ser" ou "existir". *Eheieh* é a primeira pessoa do singular, "Eu sou", como na bem conhecida expressão, "Eu sou o que sou", אהיה אשר אהיה, *eheieh asher eheieh*. Ambos os verbos têm a sua origem na ideia de "respiração." – Compilador.]

tudo, não queremos um deus formado pelos arquitetos mortais de uma Igreja que teve a audácia de se proclamar infalível! A divindade que reconhecemos, nós que dificilmente ousamos formular um esboço de sua concepção, é Deus - o Todo, absoluto, infinito, sem começo nem fim; a divindade onipresente, do qual o único Verbo que pode ser "feito carne" é a humanidade! E este Verbo que a humanidade corpórea - especialmente a humanidade que se encontra sob a égide das Igrejas - crucifica constantemente e sem interrupção, aquele Verbo é ressuscitado somente naquele homem que está suficientemente liberado dos laços atados por mãos humanas, que deixou de fazer para si mesmo um ídolo terrestre, quer da Igreja - a estátua com pés de argila - ou do mundo - o Satanás que nunca renuncia à sua pompa e às suas obras!

Os Christos que os teósofos, assim liberados, reconhecem, desde *secula seculorum*, é o Ego espiritual, glorioso e triunfante sobre a carne. Mas, como mostra a alegoria dos quatro evangelistas, o Filho, a partir de sua ressurreição, sobe ao céu para ser um com o Pai, para sempre. Isso significa que devemos aceitar o "milagre" da Ascensão aplicado ao corpo ressuscitado de um homem que foi transformado em Deus? Isso significa que um fato tão sobrenatural já ocorreu na história da humanidade? Não! Rejeitamos totalmente tal interpretação, rejeitamos aquele dogma que degrada o grande mistério da Unidade universal,[91] porque, no que nos diz respeito, explicamo-lo de maneira bastante diferente.

Uma vez tenha se unido a seu Âtman-Christos, o Ego, por esse mesmo ato, perde a grande ilusão chamada *ego-ismo*, e percebe, finalmente, a plenitude da verdade; aquele Ego sabe que nunca viveu fora do grande Todo e que é inseparável dele. Tal é o Nirvana, que, por isso, é apenas o retorno à sua primitiva condição ou estado. Aprisionado na sua *oubliette*[92] de carne e matéria, perdeu até mesmo a concepção ou memória daquela condição. Mas, uma vez que a luz do espírito tenha revelado a ilusão dos sentidos, ele não confia mais nas coi-

[91] A lenda da ascensão é meramente uma alegoria tão antiga quanto o mundo. Crer nela significaria reconhecer a autenticidade da ascensão de Elias carregado vivo pelo espaço cósmico: ele próprio, os seus cavalos e a sua carruagem.

[92] Do francês, [Masmorra subterrânea ou célula onde o prisioneiro era deliberadamente esquecido. – Compilador.]

sas terrenas, pois aprendeu para desprezá-las; O Filho agora está unido ao Pai; a partir daí, a alma é uma com o espírito! E quando um homem alcança esse ponto na gnose, ou teosofia, o que ele faz com os dogmas de qualquer Igreja?

Quanto à Igreja, ela sempre fez Mistérios, e como o Abade diz muito corretamente, "os Mistérios existem apenas para os ignorantes". Além disso, não é o próprio Cristo feito pela Igreja Católica que disse: "... O que falastes ao ouvido nos gabinetes será proclamado sobre os telhados" [Lucas, 12:3]. E o que é isso, senão mais uma repetição do mandamento de Gautama, o Buda: "Ide e proclamai sobre os telhados dos párias, e em plena luz do dia, os Mistérios dos brâmanes, os quais eles têm mantido em segredo nos seus templos. Eles assim o fizeram por apego ao poder, pelo controle dos cegos e para usurpar as prerrogativas dos devas (deuses)."

O que os brâmanes estavam fazendo quando Sidarta Buda veio livrar as pessoas do jugo daquela casta, a Igreja romana vem fazendo todos os dias no Ocidente. Os teósofos trazem à luz os Mistérios da Igreja Católica, que são realmente os dos brâmanes, embora sob outros nomes; ao fazê-lo, apenas seguirão os mandamentos dos dois grandes mahatmas: Gautama de Kapilavastu e Jesus da Judéia. Ambos encontraram seus "Christos", a Verdade eterna, e ambos, sábios e iniciados, proclamaram as mesmas verdades.

Todos agradecemos ao abade Roca por suas palavras corajosas e generosas; não duvidamos de que sacerdotes como ele, que tenham a coragem de traduzir "a letra morta" dos textos simbólicos e proclamar as verdades esotéricas "sobre os telhados", podem estar prontos para seguir o caminho da Verdade, a Luz que eles encontrem em seus caminhos. Honra para tal!

Mas nós não somos tão otimistas, no entanto, como ele é. Embora a Igreja veja seus maiores "Mistérios" desmascarados e proclamados por estudiosos de todos os países que são versados no orientalismo e na simbologia ou pelos Teósofos, não podemos acreditar que jamais aceitará nossas verdades; acreditamos ainda menos que jamais confessará seus erros. E, como por sua vez, os verdadeiros teósofos nunca aceitarão nem um Cristo feito carne, de acordo com o dogma romano, ou um deus antropomórfico, ainda menos um "Pastor" na pessoa de um Papa, não são eles que se moverão para "a Montanha da Salvação"; eles vão esperar até que a Maomé romana assuma a dificuldade de começar a caminhada na estrada que leva a Meru.[93] Será que isso acontecerá? Deixo isso para o leitor julgar por si mesmo.

Uma última palavra! O abade Roca também fala do triplo significado canonicamente acordado e reconhecido nos textos bíblicos por sua Igreja. Mas a gnose, como a gupta-vidyâ (a ciência secreta) tem sete chaves que abrem os sete Mistérios. Quando a Igreja Romana ou seus adeptos tiverem reconhecido e estudado as quatro chaves (ou significados) que lhes faltam, será possível realizar a profecia. Até então, tentemos, pelo menos, não nos matarmos, se não for realmente possível nos amarmos. O futuro é o maior dos Mistérios, e aqueles que têm, como Prometeu, o dom de ver o futuro, revelam os Mistérios vindouros, mas para uma pequena minoria. Aguardemos a sabedoria chegar a um número maior.

[93] A montanha sagrada, morada dos devas. – Editor, Le Lotus.

Um Olhar Sobre a Filosofia Esotérica

EDILSON ALMEIDA PEDROSA

14x21cm, 912 p.

Sob inspiração dos mestres de sabedoria, Helena Blavatsky transmitiu ao mundo um colossal acervo de obras literárias fundamentais sobre a teosofia. Seus livros são a essência do pensamento esotérico mundial no que diz respeito ao surgimento e à evolução do Universo e da humanidade. A magnitude e complexidade de sua volumosa obra, eivada muitas vezes de vários conceitos intrincados, dificulta o acesso e a pronta compreensão do leitor que não está familiarizado com o assunto, limitando a atratividade de suas obras e afastando novos leitores. Para sanar tal dificuldade, este livro, *Um Olhar sobre a Filosofia Esotérica,* compacta, de maneira simplificada e organizada, praticamente todos os conceitos e temas importantes abordados naquela monumental obra, atualizando-os e comentando-os, de forma a colocar ao alcance de todos os leitores os mais importantes conceitos da filosofia esotérica expostos nos grandes clássicos do ocultismo.

Ainda que seja uma reflexão crítica mais generalizada daquela magna ciência, esta nova obra facilita a compreensão da estreita relação que o ocultismo mantém com os principais ramos do conhecimento humano, especialmente com as ciências da natureza, a quem a teosofia dá vida, instigando novas pesquisas. E ainda há uma rigorosa análise da simbologia das religiões e filosofias mundiais, com ênfase na visão esotérica do cristianismo e discussões sobre as suas doutrinas e mitos que são de difícil aceitação quando examinados ao pé da letra.

LUZES DA TEOSOFIA - VOL. 1
foi confeccionado em impressão digital, em agosto de 2021
Conhecimento Editorial Ltda
(19) 3451-5440 — conhecimento@edconhecimento.com.br
Impresso em Super Snowbright_b 70g. - Hellefoss AG